Der Nürnberger Hauptkriegsverbrecherprozess

The Trial of Major War Criminals in Nuremberg

18. Oktober 1945 – 1. Oktober 1946

Stiftung
Topographie
des
Terrors

Der Nürnberger Hauptkriegsverbrecherprozeß
Eine Begleitbroschüre zur gleichnamigen Ausstellung

Herausgeber	Stiftung Topographie des Terrors
vertreten durch	Dr. Andreas Nachama Prof. Dr. Peter Steinbach
Konzeption und wissenschaftliche Bearbeitung	Dr. Claudia Steur
Wissenschaftliche Mitarbeit	Mirjam Kutzner
Lektorat	Irmela Roschmann-Steltenkamp
Wissenschaftliche Beratung	Dr. Holger Schlüter
Englische Übersetzung	Karen Margolis
Entwurf und Gestaltung	Helga Lieser
Satz & Bildbearbeitung	Tobias Damm
Druck	DMP Digital- & Offsetdruck GmbH

Berlin, November 2006

2. Auflage

ISBN 3-9807205-2-7

Für die freundliche Unterstützung danken wir den Archiven und Sammlungen, deren Material für die Ausstellung genutzt werden konnte: Bayerische Staatsbibliothek München, Bildarchiv Preußischer Kulturbesitz Berlin, Bundesarchive Berlin und Koblenz, Deutsches Rundfunkarchiv Frankfurt a. Main, Imperial War Museum London, Keystone Bildagentur, Stadtarchiv Nürnberg, Staatsarchiv Nürnberg, Süddeutscher Bilderdienst München und Ullstein Bilderdienst Berlin.

Diese Publikation wurde gefördert durch den Beauftragten der Bundesregierung für Kultur und Medien (BKM) sowie durch die Senatsverwaltung für Wissenschaft, Forschung und Kultur des Landes Berlin.

4 **Vorwort**
Foreword

8 **Der Internationale Militärgerichtshof**
The International Military Tribunal

23 **Nürnberg als Prozeßort**
Nuremberg as Location of the Trial

27 **Die Prozeßeröffnung in Berlin**
The Opening of the Trial in Berlin

51 **Der Prozeß in Nürnberg**
The Trial in Nuremberg

103 **Die Nürnberger Folgeprozesse**
The Nuremberg Follow-up Trials

111 **Die Bedeutung des Nürnberger Prozesses**
The Significance of the Nuremberg Trial

Claudia Steur
120 **Der Internationale Militärgerichtshof.**
Akt der Siegerjustiz oder Meilenstein in der Geschichte?
The International Military Tribunal.
Act of Victor Justice or Milestone in History?

Peter Jochen Winters
128 **Die Planierraupe sollte die Erinnerung einebnen.**
Das Alliierte Kriegsverbrechergefängnis in Berlin-Spandau
The Bulldozer was Supposed to Raze Remembrance.
The Allied Prison for War Criminals in Berlin-Spandau

Mirjam Kutzner
134 **Die Nürnberger Folgeprozesse.**
Die deutschen Kriegsverbrecher und das »Gnadenfieber«
The Nuremberg Follow-up Trials.
The German War Criminals and "Clemency Fever"

143 Literatur
Bibliography

144 Abbildungsnachweis
Sources of Illustrations

Knapp ein halbes Jahr nach dem Ende des Krieges, der von der nationalsozialistischen Führung entfesselt worden war und die Voraussetzungen für den Völkermord an den Juden schaffen sollte, wurde in Nürnberg das einzige Militärtribunal eröffnet, an dem Vertreter der Sowjetunion, Großbritanniens, Frankreichs und der USA gemeinsam beteiligt waren. Sie hatten diesen Prozeß gegen die »Hauptkriegsverbrecher« früh angekündigt und konsequent vorbereitet. Sie wollten Untaten gesühnt wissen und zugleich neue Normen des Völkerrechts formulieren. Angeklagt waren führende Nationalsozialisten und Militärs wegen Vorbereitung eines Angriffskrieges, Kriegsverbrechen und wegen Verbrechen gegen die Menschlichkeit.

Dieser Prozeß markiert eine Zäsur. Zwar gelang es auf Dauer nicht, neue Normen des Völkerrechts durchzusetzen: Aber seit Nürnberg wissen verbrecherische Herrscher, daß ihre Untaten gesühnt werden. Er markiert eine Epochengrenze, weil in Nürnberg im Bewußtsein der Deutschen der verbrecherische Charakter des NS-Staates deutlich wurde. Dieses Verfahren bestimmte für Jahrzehnte das Bild der Deutschen von ihrer zeitgeschichtlichen Vergangenheit. Der nationalsozialistische Unrechtsstaat mußte von den Zeitgenossen als Realität anerkannt werden. »Meinungen« wurden mit der Wirklichkeit konfrontiert. Das erstickte zeithistorische Legenden, aber auch deutsches politisches Selbstmitleid. Die Strafen verstärkten bei denjenigen, die nach 1945 die Last der Vergangenheit zu tragen hatten, allerdings die Neigung zur Selbstentschuldigung. Sie wollten sich nicht als Täter, sondern vor allem als Bedrängte, als Terrorisierte, auch als Verführte empfinden. Auch dieser Selbstbetrug wurde destruiert, denn entscheidend für das Verhalten der meisten Zeitgenossen waren Folgebereitschaft, Anpassungswille und die Neigung wegzuschauen – eine Folge moralischer Indifferenz. Dies

Almost exactly six months after the end of the war that had been unleashed by the Nazi leadership and was to create the preconditions for the genocide on the Jews, the International Military Tribunal opened in Nuremberg. It was the only military tribunal in which representatives of the Soviet Union, Great Britain, France and the USA participated jointly. They had announced this trial against the "major war criminals" early on and had prepared it consistently. They wanted to see atrocities punished and at the same time formulate new norms of international law. Leading Nazis and members of the military were indicted for planning a war of aggression, for war crimes and crimes against humanity.

This trial marked a turning-point. It did not succeed in permanently establishing new norms of international law - but since the Nuremberg Trial criminal rulers know that their atrocities will be punished. It marks an epochal frontier because in Nuremberg the German people were made clearly conscious of the criminal character of the Nazi state. The trial determined the Germans' picture of their recent history for decades. The unconstitutional Nazi state had to be recognized as reality by contemporaries. "Opinions" were confronted with reality. This not only stifled legends of contemporary history, but also German political self-pity. However, for those who had to carry the burden of the past after 1945, the punishments reinforced the tendency to self-apology. They did not want to see themselves as perpetrators, but above all as oppressed, terrorized and seduced. This self-deception was also destroyed by the Nuremberg Trial, because what was decisive for the behavior of most contemporaries was willingness to

hatten Regimegegner wie die Mitglieder des Kreisauer Kreises vorausgesehen und deshalb Weichen für die Bestrafung der »Rechtsschänder« stellen wollen. Auch im Exil wurden ähnliche Überlegungen angestellt.
Der Nürnberger Hauptkriegsverbrecherprozeß stand am Beginn einer Auseinandersetzung mit der NS-Zeit. Er war ein Anfang, nicht das Ende dieser Konfrontation. Denn es ist unbestreitbar, daß die Zeit des Nationalsozialismus für viele Opfer des nationalsozialistischen Unrechts immer noch gegenwärtig ist. Sie leben mit den Folgen der Gewalt, die ihnen angetan wurde. Sie haben bis heute mit ihren Nachwirkungen zu kämpfen. Und sie leiden darunter, daß man sich nach 1945 und nach 1949 in Deutschland so schwer damit getan hat, das ihnen zugefügte Unrecht anzuerkennen, erlittene Pein und Scham, Entrechtung und Verfolgung zu sühnen, Wiedergutmachung zu leisten und zu versuchen, die vor 1945 zugefügten Verletzungen und Entehrungen ansatzweise zu entschädigen.
Oftmals ist der Ausspruch der Täter zitiert worden, die sich nach 1945 mit dem Satz rechtfertigten: »Was damals Recht war, kann heute nicht Unrecht sein.« Diese Feststellung ist falsch und verlogen. Sie nimmt keine Rücksicht auf das Maß eines vorstaatlichen Naturrechts, auf die dadurch bestimmte Menschenwürde und auf die Verpflichtung aller staatlichen Organe, gerade diese Würde zu schützen, sie wiederherzustellen, sie zu sichern. Wer ohne Vorbehalte das NS-Regime für einen Unrechtsstaat hält, wird keinerlei Schwierigkeiten haben, Rechtsverletzungen, die vor 1945 verübt worden sind, als Unrecht anzuerkennen. Wenn das NS-Regime ein Unrechtsstaat war, dann haben wir als Bürger des Nachfolgestaates des »Dritten Reiches« die Verpflichtung, zumindest die Folgen eines staatlich legitimierten Unrechts zu tragen. Wir haben konsequent alle Verbindungen zu kappen, die

follow, the wish to adapt and the tendency to look away - a result of moral indifference. Opponents of the Nazi regime like the members of the Kreisau Circle had foreseen this, and therefore wanted to set the course for the punishment of "desecrators of justice". There were similar deliberations within the German exile community.
The Nuremberg trial of German major war criminals was at the start of a critical examination of the Nazi era. It was a beginning, not the end of this confrontation. It is undeniable that for many victims of Nazi injustice the Nazi era is still present. They live with the consequences of the violence that was done to them. They still have to struggle with the after-effects today. And they suffer from the fact that after 1945 and after 1949 people in Germany found it so difficult to acknowledge the injustice done to the victims, to atone for the torment and shame, the deprivation of rights and the persecution they had suffered, to make amends and make the first attempts to compensate for the injury and degradation inflicted on them before 1945.
People often quoted the words of the perpetrators, who justified themselves after 1945 by saying, "What was justice then cannot be injustice now". This statement is wrong and false. It takes no account of the measure of a natural law that pre-existed nation states, of the human dignity defined by this law, and of the duty of all organs of the state to protect precisely this dignity, to reconstitute it, to secure it.
Anybody who unreservedly regards the Nazi regime as an unconstitutional state will have no difficulty in acknowledging violations of the law committed before 1945 as injustice. If the Nazi

zwischen den nationalsozialistischen Rechtsvorstellungen und unseren Rechtsvorstellungen stehen.
Dabei hätte es selbstverständlich sein müssen, nicht diejenigen um Rechtfertigung zu bitten, die sich Hitlers Krieg verweigert haben, sondern es hätten sich diejenigen erklären müssen, die bis zuletzt zur Hakenkreuzfahne standen. Wer gegen das NS-Regime stand, war kein Feigling und auch kein Verräter. Denn es gehört mehr Mut dazu, gegen ein Unrecht zu sein als mitzulaufen, um auf diese Weise zu überleben. Wer Opfer des NS-Unrechts war, darf nicht als »bedauerliches Opfer« bezeichnet werden, sondern ist auf seine Weise auch ein Täter – ein Täter des Widerstands, der aktiven Selbstbehauptung, der Bemühung, die Erfahrung seines Leidens in die Zukunft zu tragen.
Zwischen der NS-Diktatur und der Ordnung des Grundgesetzes gibt es keine Kontinuität, sondern einen tiefen Bruch. Kontinuitäten aber werden sichtbar in Personen, die vor 1945 Funktionen bekleideten und nach 1945 häufig in wichtige Stellungen zurückkehrten. In Nürnberg standen Täter erstmals als Gruppe vor Gericht: Sie wurden wahrgenommen als Machtmenschen, die andere unterdrücken konnten, solange sie die Möglichkeit dazu hatten, und als Menschen, die ihre Verantwortung in der Regel ableugneten, als sie nach dem Ende des NS-Staates mit ihren Verbrechen konfrontiert wurden.
Der Nürnberger Hauptkriegsverbrecherprozeß war ein Anfang. Es folgten zwölf Nachfolgeprozesse, die keineswegs unwichtig waren. Sie lenkten den Blick auf Funktionsgruppen, auf Verwaltungsbeamte, Diplomaten, Militärs, Mediziner, Juristen. Mochten auch immer wieder Zeitgenossen diese Verfahren als angebliche alliierte »Siegerjustiz« verächtlich machen, so ist unbestreitbar: Im deutschen Widerstand arbeitete man auf Strafverfahren hin, das

regime was an unconstitutional state, then we as citizens of the state that succeeded the "Third Reich" have the duty at least to bear the consequences of state-legitimated injustice. We have to consistently cut all links between the Nazi ideas of justice and our ideas of justice.
It should have been obvious not to ask those who rejected Hitler's war to justify themselves, but to demand explanation from those who remained loyal to the swastika flag to the very end. People who stood up against the Nazi regime were not cowards and not traitors. It requires more courage to be against injustice than to go along with it in order to survive. Somebody who was a victim of Nazi injustice should not be described as a "regrettable victim", but is in his own way a perpetrator - a perpetrator of resistance, of active self-assertion, of the effort to transport the experience of his suffering into the future. There is no continuity between the Nazi dictatorship and the system of the Basic Law, there is a profound break. But continuity can be seen in the fact that persons who held office before 1945 often returned to important posts after 1945.
In Nuremberg perpetrators stood before the court as a group for the first time. They were perceived as people obsessed with power who could oppress others as long as they had the possibility of doing so, and as people who generally denied their responsibility when they were confronted with their crimes after the end of the Nazi state.
The Nuremberg Trial of German major war criminals was a beginning. It was succeeded by twelve follow-up trials that were by no means unimportant. They drew attention to groups of functionaries, administrative officials, diplomats, military personnel, doctors, jurists. Contem-

deutsche Exil forderte die Bestrafung der NS-Elite, die Alliierten nahmen so nicht zuletzt auch die Forderungen derjenigen auf, die unter dem Nationalsozialismus gelitten hatten.
Der Nürnberger Prozeß bleibt mehr als ein zeitgeschichtliches Ereignis. Wir haben heute die Chance, in unserer Auseinandersetzung mit seinen Normen – Ächtung eines Angriffskrieges, willkürliche Behandlung von Kriegsgefangenen und Menschheitsverbrechen - ein Zeichen in unserer Gegenwart zu setzen. Es nützt wenig, wenn wir immer wieder beschwören: »Nie wieder!«. Wiedergutmachung war niemals die entscheidende Voraussetzung einer Versöhnung. Es kommt auch darauf an, Wertvorstellungen in der Auseinandersetzung mit zeitgeschichtlichen Erfahrungen begründen zu können.
Denn Versöhnung verlangt von den Verantwortlichen, ihr Unrecht zu benennen und sich vom eigenen Fehlverhalten zu distanzieren. Die NS-Führung mußte dazu gezwungen werden. Der Blick auf die Geschichte des Nürnberger Prozesses soll und kann die Bereitschaft der Nachlebenden stärken, sich mit dem Unrecht bis in ihre Zeit hinein auseinanderzusetzen. Beschworen wurde in Nürnberg auch ein Maßstab politischer Gesittung und strenger Rechtlichkeit bei der Gestaltung des Völkerrechts, beim Umgang mit Minderheiten und bei der Gestaltung unserer politischen Ordnung.
Realisieren müssen wir diese Maßstäbe selbst und verantwortlich, Tag für Tag. Denn Traditionen fallen uns nicht in den Schoß. Sie müssen erarbeitet werden. Möge diese Ausstellung dabei helfen.

Peter Steinbach

poraries may have repeatedly disparaged these trials as alleged Allied "victor justice", but there is no doubt that in the German Resistance people worked towards criminal proceedings, the German exile community demanded the punishment of the Nazi elite, and the Allies consequently accepted the demands not least of those who had suffered under National Socialism.
The Nuremberg Trial remains more than an event of contemporary history. Today, in discussing its norms - proscription of wars of aggression, of arbitrary treatment of prisoners of war and of crimes against humanity - we have the chance to set standards in the present. We gain little by repeatedly vowing, "Never again!" Reparation was never the decisive precondition for reconciliation. It is also important to be able to justify conceptions of values in the debate on contemporary historical experiences.
For reconciliation demands of those responsible that they give a name to their wrong-doing and dissociate themselves from their own misconduct. The Nazi leadership had to be forced to do this. Looking at the history of the Nuremberg Trial should and can make succeeding generations more prepared to confront injustice right up to their own times. In Nuremberg a standard was also evoked for civilized political behavior and strict legality in the formation of international law, in dealing with minorities and in structuring our political order. We have to achieve these standards ourselves, and responsibly, day by day. Tradition does not fall into our laps. It has to be worked for. May this exhibition help to do this.

Peter Steinbach

Konferenz von Jalta 4.-11. Februar 1945
Vordere Reihe, von links: Der britische Premierminister Winston Churchill, der amerikanische Präsident Franklin D. Roosevelt und der sowjetische Staatschef Josef Stalin. Hinter Roosevelt steht US-Flottenadmiral E.J. King. In Jalta einigten sich Churchill, Roosevelt und Stalin darauf, Kriegsverbrechen im Rahmen gerichtlicher Verfahren zu ahnden.

The Yalta Conference, 4-11 February 1945.
First row, from left: British Prime Minister Winston Churchill, US President Franklin D. Roosevelt and Soviet Head of State Josef Stalin. Standing behind Roosevelt is US Admiral of the Fleet E. J. King. In Yalta, Churchill, Roosevelt and Stalin agreed to punish war crimes in the framework of judicial proceedings.

Der Internationale Militärgerichtshof

The International Military Tribunal

Am 18. Oktober 1945 eröffnete der Internationale Militärgerichtshof in Berlin das Strafverfahren gegen führende Nationalsozialisten, das ab November 1945 in Nürnberg fortgesetzt wurde und als »Nürnberger Hauptkriegsverbrecherprozeß« eine zeitgeschichtliche Zäsur darstellt.
Die Einrichtung eines solchen Militärgerichtshofs hatten die Alliierten bereits während des Zweiten Weltkrieges angekündigt. In der Moskauer Erklärung vom November 1943 ließen die Alliierten keinen Zweifel an der Bestrafung von Kriegsverbrechern. Diese sollten nach Kriegsende in den Ländern zur Verantwortung gezogen werden, in denen sie ihre Verbrechen begangen hatten. Diejenigen, deren Taten nicht auf ein Land begrenzt waren, sollten durch »ein gemeinsames Urteil der Regierungen der Verbündeten« abgeurteilt werden. Im Februar 1945 verkündeten die Staatschefs von Großbritannien, den USA und der Sowjetunion auf der Konferenz von Jalta erneut ihren Willen, Kriegsverbrechen durch Gerichtsverfahren zu ahnden.
Nach zähen Verhandlungen unterzeichneten Großbritannien, die USA, die Sowjetunion und die provisorische Regierung Frankreichs schließlich am 8. August 1945 das Londoner Viermächte-Abkommen über die »Verfolgung und Bestrafung der Hauptkriegsverbrecher der Mächte der Europäischen Achse« sowie das »Statut für den Internationalen Militärgerichtshof«. In diesem Statut wurden die Verfahrensgrundsätze und die Zusammensetzung des zu bildenden internationalen Gerichtshofs festgelegt.
Seinen ständigen Sitz erhielt der Internationale Militärgerichtshof in Berlin. Er setzte sich aus Vertretern der vier alliierten Mächte zusammen. Seine Hauptaufgabe bestand in der Bestrafung deutscher Kriegsverbrecher. Da mit Adolf Hitler, Heinrich Himmler und Joseph Goebbels die

On 18 October 1945 the International Military Tribunal in Berlin opened criminal proceedings against leading National Socialists. The trial, which continued in Nuremberg from November 1945, became known as the "Nuremberg Trial of German major war criminals", and represented a turning-point in contemporary history.
The Allies had already announced during the Second World War that they would set up a military tribunal of this kind. In the Moscow Declaration of November 1943 the Allies left no doubt about the punishment of war criminals. After the end of the war they should be brought to justice in the countries where they had committed their crimes. Those whose crimes were not confined to one country would be tried by "a joint adjudication by the governments of the Allies". At the Yalta Conference in February 1945 the heads of state of Great Britain, the USA and the Soviet Union reaffirmed their intention to prosecute war crimes by judicial proceedings.
After slow-moving negotiations, on 8 August 1945 Great Britain, the USA, the Soviet Union and the provisional government of France finally signed the London Four-Power Agreement on the "prosecution and punishment of major war criminals of the European Axis Powers", as well as the "Statute for the International Military Tribunal". This statute laid down the principles for the trial and the composition of the international court which was to be created.
The International Military Tribunal was given its permanent seat in Berlin. It was composed of representatives of the four Allied powers. Its main task was to punish German war criminals.

führenden Nationalsozialisten Selbstmord begangen hatten, wurden 24 ranghohe Vertreter des NS-Regimes angeklagt. Überdies wurde auch gegen sechs »verbrecherische« Organisationen des »Dritten Reiches« verhandelt.
Der Prozeß endete mit zwölf Todesurteilen, sieben zum Teil lebenslangen Haftstrafen und drei Freisprüchen. Drei ehemalige NS-Organisationen wurden für verbrecherisch erklärt.
Der Internationale Militärgerichtshof beschritt in vielerlei Hinsicht Neuland. Erstmals fanden sich Vertreter mehrerer Staaten zu einem gemeinsamen Gerichtshof zusammen. Nie zuvor wurden Staatsmänner persönlich für Angriffskriege und organisierte Massenvernichtung zur Rechenschaft gezogen und bestraft. Zum ersten Mal in der Geschichte urteilte ein internationaler Gerichtshof über die Verletzung völkerrechtlicher Strafrechtsnormen. Daher gilt der Nürnberger Hauptkriegsverbrecherprozeß als Ausgangspunkt für die Schaffung eines neuen Völkerrechts. Das Urteil von Nürnberg hat neue Aggressionskriege und Verbrechen gegen die Menschlichkeit nicht verhindern können. Erst 2002 wurde mit dem Internationalen Strafgerichtshof in Den Haag eine ständige, international anerkannte Institution zur Bestrafung von Aggressoren und Kriegsverbrechern geschaffen.

Since the leading Nazis Adolf Hitler, Heinrich Himmler and Joseph Goebbels had committed suicide, 24 high-ranking representatives of the Nazi regime were indicted. Additionally, six "criminal" organizations of the "Third Reich" were also put on trial.
The trial ended with twelve death sentences, seven prison sentences - some of them life sentences - and three acquittals. Three former Nazi organizations were declared criminal.
In many respects the International Military Tribunal broke new ground. For the first time, representatives of several nations came together to form a joint tribunal. Never before had statesmen been made personally accountable and punished for wars of aggression and organized mass murder. For the first time in history an international tribunal passed judgment on violations of the norms of international criminal law. The Nuremberg Trial of German major war criminals is thus regarded as the starting-point for the creation of a new kind of international law. The judgment at Nuremberg has not been able to prevent new wars of aggression and crimes against humanity. It took until 2002 for a permanent, internationally recognized institution for the punishment of aggressors and war criminals to be created - the International Criminal Court in The Hague.

STATUT FÜR DEN INTERNATIONALEN MILITÄRGERICHTSHOF *

I. VERFASSUNG DES INTERNATIONALEN MILITÄRGERICHTSHOFES.

Artikel 1:

In Ausführung des Abkommens vom 8. August 1945 zwischen der Regierung des Vereinigten Königreiches von Großbritannien und Nordirland, der Regierung der Vereinigten Staaten von Amerika, der provisorischen Regierung der Französischen Republik und der Regierung der Union der Sozialistischen Sowjet-Republiken soll ein Internationaler Militärgerichtshof (in diesem Statut „Der Gerichtshof" genannt) zwecks gerechter und schneller Aburteilung und Bestrafung der Hauptkriegsverbrecher der europäischen Achse gebildet werden.

Artikel 2:

Der Gerichtshof besteht aus vier Mitgliedern und vier Stellvertretern, von jedem Signatar soll ein Mitglied und ein Stellvertreter ernannt werden. Die Stellvertreter sollen soweit als möglich an allen Sitzungen des Gerichtshofes teilnehmen. Im Falle der Erkrankung eines Mitgliedes des Gerichtshofes oder seiner anders begründeten Unfähigkeit, sein Amt auszuüben, tritt sein Stellvertreter an seine Stelle.

Artikel 3:

Weder der Gerichtshof, noch seine Mitglieder oder Stellvertreter können von der Anklagebehörde oder dem Angeklagten oder seinem Verteidiger abgelehnt werden.

Jeder Signatar kann sein Mitglied des Gerichtshofes oder seinen Stellvertreter aus Gesundheitsrücksichten oder anderen triftigen Gründen wechseln; während eines Prozesses kann jedoch ein Mitglied nur durch seinen Stellvertreter ersetzt werden.

Artikel 4:

(a) Für Verhandlungen und Entscheidungen des Gerichtshofes ist die Anwesenheit aller vier Mitglieder des Gerichtshofes oder des Stellvertreters für ein abwesendes Mitglied erforderlich.

* Die hier abgedruckte deutsche Fassung des Statuts für den Internationalen Militärgerichtshof ist die den Angeklagten und ihren Verteidigern bei Beginn des Verfahrens übergebene und während des Verfahrens benutzte Fassung. Lediglich einige offensichtliche Druck- und Übersetzungsfehler wurden berichtigt.

(b) Die Mitglieder des Gerichtshofes wählen vor Beginn des Prozesses einen Präsidenten. Dieser übt sein Amt während der Dauer des Prozesses aus, falls nicht mit einer Stimmenzahl von mindestens drei Stimmen anderweitig beschlossen wird.

Bei aufeinander folgenden Prozessen findet grundsätzlich ein Wechsel im Vorsitz statt. Wenn jedoch eine Sitzung des Gerichtshofes im Gebiet eines der vier Signatare abgehalten wird, soll der Vertreter der betreffenden Signatarmacht den Vorsitz führen.

(c) Abgesehen von dem vorgenannten Falle trifft der Gerichtshof seine Entscheidungen mit Stimmenmehrheit. Bei Stimmengleichheit ist die Stimme des Vorsitzenden ausschlaggebend; für Verurteilung und Bestrafung ist eine Stimmenmehrheit von mindestens drei Mitgliedern erforderlich.

Artikel 5:

Im Bedarfsfalle und je nach Zahl der abzuurteilenden Fälle können mehrere Gerichtshöfe eingesetzt werden; Einsetzung, Aufgaben und Verfahren der Gerichtshöfe sollen identisch sein und unterliegen den Regeln dieses Statuts.

II. ZUSTÄNDIGKEIT UND ALLGEMEINE GRUNDSÄTZE.

Artikel 6:

Der durch das in Artikel 1 genannte Abkommen eingesetzte Gerichtshof zur Aburteilung der Hauptkriegsverbrecher der der europäischen Achse angehörigen Staaten hat das Recht, alle Personen abzuurteilen die im Interesse der der europäischen Achse angehörenden Staaten als Einzelpersonen oder als Mitglieder einer Organisation oder Gruppe eines der folgenden Verbrechen begangen haben:

Die folgenden Handlungen, oder jede einzelne von ihnen, stellen Verbrechen dar, für deren Aburteilung der Gerichtshof zuständig ist. Der Täter solcher Verbrechen ist persönlich verantwortlich:

(a) VERBRECHEN GEGEN DEN FRIEDEN: Nämlich: Planen, Vorbereitung, Einleitung oder Durchführung eines Angriffskrieges oder eines Krieges unter Verletzung internationaler Verträge, Abkommen oder Zusicherungen oder Beteiligung an einem gemeinsamen Plan oder an einer Verschwörung zur Ausführung einer der vorgenannten Handlungen;

(b) KRIEGSVERBRECHEN: Nämlich: Verletzungen der Kriegsgesetze oder -gebräuche.

11

Auszug aus dem Statut des Internationalen Militärgerichtshofs vom 8. August 1945.
Es regelte die Zusammensetzung und Zuständigkeit des Gerichts und formulierte die Straftatbestände.

Extract from the Statute of the International Military Tribunal of 8 August 1945.
It regulated the composition and jurisdiction of the court and formulated the statutory offenses. Proceedings were to be conducted under Anglo-American law. The panel of judges consisted of two representatives from each of the four Allied powers. Decisions were reached by majority vote. In the event of a tie the president of the court had the casting vote.

Solche Verletzungen umfassen, ohne jedoch darauf beschränkt zu sein, Mord, Mißhandlungen, oder Deportation zur Sklavenarbeit oder für irgendeinen anderen Zweck, von Angehörigen der Zivilbevölkerung von oder in besetzten Gebieten, Mord oder Mißhandlungen von Kriegsgefangenen oder Personen auf hoher See, Töten von Geiseln, Plünderung öffentlichen oder privaten Eigentums, die mutwillige Zerstörung von Städten, Märkten oder Dörfern oder jede durch militärische Notwendigkeit nicht gerechtfertigte Verwüstung;

(c) VERBRECHEN GEGEN DIE MENSCHLICHKEIT: Nämlich: Mord, Ausrottung, Versklavung, Deportation oder andere unmenschliche Handlungen, begangen an irgendeiner Zivilbevölkerung vor oder während des Krieges *, Verfolgung aus politischen, rassischen oder religiösen Gründen, begangen in Ausführung eines Verbrechens oder in Verbindung mit einem Verbrechen, für das der Gerichtshof zuständig ist, und zwar unabhängig davon, ob die Handlung gegen das Recht des Landes verstieß, in dem sie begangen wurde, oder nicht.

Anführer, Organisatoren, Anstifter und Teilnehmer, die am Entwurf oder der Ausführung eines gemeinsamen Planes oder einer Verschwörung zur Begehung eines der vorgenannten Verbrechen teilgenommen haben, sind für alle Handlungen verantwortlich, die von irgendeiner Person in Ausführung eines solchen Planes begangen worden sind.

Artikel 7:

Die amtliche Stellung eines Angeklagten, sei es als Oberhaupt eines Staates oder als verantwortlicher Beamter in einer Regierungsabteilung, soll weder als Strafausschließungsgrund noch als Strafmilderungsgrund gelten.

Artikel 8:

Die Tatsache, daß ein Angeklagter auf Befehl seiner Regierung oder eines Vorgesetzten gehandelt hat, gilt nicht als Strafausschliessungsgrund, kann aber als Strafmilderungsgrund berücksichtigt werden, wenn dies nach Ansicht des Gerichtshofes gerechtfertigt erscheint.

Artikel 9:

In dem Prozeß gegen ein Einzelmitglied einer Gruppe oder Organisation kann der Gerichtshof (in Verbindung mit irgendeiner Handlung deretwegen der Angeklagte verurteilt wird) erklären, daß die Gruppe oder Organisation, deren Mitglied der Angeklagte war, eine verbrecherische Organisation war.

* Der Beistrich ist durch Protokoll vom 6. X. 1945 an Stelle des im urspr. engl. u. franz. Exemplar enthaltenen Strichpunktes gesetzt worden.

Nach Empfang der Anklage gibt der Gerichtshof in der ihm geeignet erscheinenden Form bekannt, daß die Anklagebehörde beabsichtigt, den Antrag zu stellen, eine Erklärung nach Abschnitt 1, Artikel 9 auszusprechen. In diesem Falle ist jedes Mitglied der Organisation berechtigt, bei dem Gerichtshof den Antrag zu stellen, über die Frage des verbrecherischen Charakters der Organisation gehört zu werden. Der Gerichtshof hat das Recht, dem Antrag stattzugeben oder ihn abzuweisen. Wird dem Antrag stattgegeben, so bestimmt der Gerichtshof, in welcher Weise der Antragsteller vertreten und gehört werden soll.

Artikel 10:

Ist eine Gruppe oder Organisation vom Gerichtshof als verbrecherisch erklärt worden, so hat die zuständige nationale Behörde jedes Signatars das Recht, Personen wegen ihrer Zugehörigkeit zu einer solchen verbrecherischen Organisation vor Nationalen-, Militär- oder Okkupationsgerichten den Prozeß zu machen. In diesem Falle gilt der verbrecherische Charakter der Gruppe oder Organisation als bewiesen und wird nicht in Frage gestellt.

Artikel 11:

Jede vom Gerichtshof verurteilte Person kann vor einem der in Artikel 10 dieses Statuts erwähnten Nationalen-, Militär- oder Okkupations-Gerichtshöfe wegen eines anderen Verbrechens als der Zugehörigkeit zu einer verbrecherischen Gruppe oder Organisation angeklagt werden, und ein solches Gericht kann im Falle der Verurteilung des Angeklagten eine Strafe gegen ihn verhängen, die zusätzlich erkannt wird und unabhängig ist von der Strafe, die der Gerichtshof wegen Teilnahme an der verbrecherischen Tätigkeit einer solchen Gruppe oder Organisation erkannt hat.

Artikel 12:

Der Gerichtshof hat das Recht gegen eine Person, die wegen eines der in Artikel 6 dieses Statuts erwähnten Verbrechens angeklagt ist, ein Verfahren in ihrer Abwesenheit durchzuführen, wenn der Angeklagte nicht auffindbar ist, oder wenn der Gerichtshof es im Interesse der Gerechtigkeit aus anderen Gründen für erforderlich hält, in Abwesenheit des Angeklagten zu verhandeln.

Artikel 13:

Der Gerichtshof stellt die Regeln für sein Verfahren selbst auf. Diese sollen mit den Bestimmungen des Statuts nicht im Widerspruch stehen.

Francis A. Biddle (1886-1968), USA.
In Paris geboren. Studium an der Harvard-Universität. 1912 Zulassung zum Rechtsanwalt in Pennsylvania. Bis 1939 Rechtsanwalt in Philadelphia. 1939-1940 Richter an einem Berufungsgericht. 1940 Generalanwalt der amerikanischen Regierung. 1941-1945 Justizminister der Vereinigten Staaten. 1945-1946 Hauptrichter der Amerikaner am Internationalen Militärgerichtshof in Nürnberg. 1947 Vertreter der USA im Wirtschafts- und Sozialrat der UN. Ständiges Mitglied des Obersten Amerikanischen Schiedsgerichtshofes. 1968 in Hyannis, Massachusetts, gestorben.
John J. Parker (1885-1958), USA.
In Monroe, North Carolina geboren. Studium an der Universität von North Carolina. Anschließend Rechtsanwalt in Monroe und Charlotte. Seit 1908 Republikaner. 1925-1958 Vorsitzender eines Berufungsgerichts. 1945-1946 stellvertretender US-Richter beim Internationalen Militärgerichtshof in Nürnberg. 1958 in Washington gestorben.

Francis A. Biddle

John J. Parker

Francis A. Biddle (1886-1968), USA.
Born in Paris. Studied at Harvard University. 1912 admission to the bar in Pennsylvania. Lawyer in Philadelphia until 1939. 1939-1940 judge at an appeal court. 1940 Advocate General of the US government. 1941-1945 Minister of Justice of the USA. 1945-1946 principal US judge at the International Military Tribunal in Nuremberg. 1947 US representative in the UN Economic and Social Council. Permanent member of the US Highest Arbitration Court. Died 1968 in Hyannis, Massachusetts.
John J. Parker (1885-1958), USA.
Born in Monroe, North Carolina. Studied at the University of North Carolina, then practiced law in Monroe and Charlotte. Republican from 1908. 1925-1958 president of an appeal court. 1945-1946 deputy US judge at the International Military Tribunal in Nuremberg. Died 1958 in Washington.

Iola T. Nikitschenko (1895-1967), UdSSR.
Seit 1908 Arbeiter in den Bergwerken des Donezbeckens. 1914 Eintritt in die Kommunistische Partei. Kämpfte 1918 im russischen Bürgerkrieg. Anschließend als Richter tätig. 1936-1938 Richter in Stalins Schauprozessen. Anschließend Vizepräsident des Gerichtshofs in Moskau. Generalmajor. Im Sommer 1945 leitete er die sowjetische Delegation auf der Viermächtekonferenz in London. Im Herbst 1945 übernahm er für den Internationalen Gerichtshof in Berlin den Vorsitz und war anschließend Sowjetischer Hauptrichter in Nürnberg. Über seinen Werdegang nach 1946 liegen keine Informationen vor.

Alexander F. Wolchkow, UdSSR.
Tätigkeit im Volkskommissariat für Äußere Angelegenheiten, später Staatsanwalt. Angehöriger der sowjetischen Botschaft in London. Während des Zweiten Weltkrieges war er zur Militärjustiz der Roten Armee abkommandiert. Oberstleutnant. 1945-1946 Stellvertretender Richter der Sowjetunion im Nürnberger Kriegsverbrecherprozeß. Weitere Informationen zu seiner Person liegen nicht vor.

Iola T. Nikitschenko

Alexander F. Wolchkow

Iola T. Nikitschenko (1895-1967), USSR.
Worked in the Donez Basin mines from 1908. 1914 joined the Communist Party. 1918 fought in the Russian Civil War, then worked as a judge. 1936-1938 judge in Stalin's show trials, then Vice-President of the Court of Justice in Moscow. Major general. In the summer of 1945 he led the Soviet delegation at the Four-Power Conference in London. In the fall of 1945 he assumed the chairmanship of the International Military Tribunal in Berlin. After that he was principal Soviet judge in Nuremberg. There is no further information about his life history after 1946.

Alexander F. Volchkov, USSR.
Worked in the People's Commissioner's Office for Foreign Affairs, later public prosecutor. Member of the Soviet Embassy in London. During the Second World War he was assigned to the military justice section of the Red Army. Lieutenant colonel. 1945-1946 deputy Soviet Union judge in the Nuremberg Trial of German major war criminals. There is no further biographical information on him.

Sir Geoffrey Lawrence (1880-1971), Großbritannien.
In London geboren. Dritter Baron Trevethin und Erster Lord Oaksey. Studium in Oxford. 1928-1932 Generalstaatsanwalt beim Prince of Wales. Bis 1944 Richter an einem Berufungsgericht. 1945-1946 Hauptrichter Großbritanniens und Gerichtsvorsitzender am Internationalen Militärgerichtshof in Nürnberg. Bis 1957 Lordrichter. 1971 in Oaksey, Wiltshire, gestorben.

Norman Birkett (1883-1962), Großbritannien.
In Ulverstone (Lancashire) geboren. Im Anschluß an eine kaufmännische Ausbildung 1907-1910 Geschichts- und Jurastudium in Cambridge. Seit 1913 Rechtsanwalt in Birmingham. Seit 1941 Richter am Obersten Zivilgericht (High Court). 1945-1946 stellvertretender britischer Richter in Nürnberg. Seit 1947 Geheimrat. 1956 Pensionierung. Seit 1958 Mitglied des Oberhauses (House of Lords) und Honorarprofessor in Cambridge. 1962 in London gestorben.

Sir Geoffrey Lawrence

Norman Birkett

Sir Geoffrey Lawrence (1880-1971), Great Britain.
Born in London. Third Baron Trevethin and First Lord Oaksey. Studied in Oxford. 1928-1932 Attorney General for the Prince of Wales. Until 1944 judge at an appeal court. 1945-1946 principal British judge and president at the International Military Tribunal in Nuremberg. Law Lord until 1957. Died 1971 in Oaksey, Wiltshire.

Norman Birkett (1883-1962), Great Britain. Born in Ulverstone (Lancashire). After a training in business, studied history and law in Cambridge from 1907-1910. From 1913 lawyer in Birmingham. From 1941 High Court judge. 1945-1946 deputy British judge in Nuremberg. From 1947 Privy Councilor. Retired in 1956. From 1958 member of the House of Lords and honorary professor in Cambridge. Died 1962 in London.

Henri Donnedieu de Vabres (1880-1952), Frankreich.
In Nîmes geboren. Studium an den Universitäten Montpellier und Paris. 1910-1922 Professor an den juristischen Fakultäten Aix-en-Provence und Montpellier. Seit 1922 Professor für Straf- und Völkerrecht in Paris. 1945-1946 französischer Hauptrichter im Nürnberger Kriegsverbrecherprozeß. 1950 Vorsitzender des Zweiten kriminalistischen Weltkongresses. 1952 in Paris gestorben.

Robert Falco (1882-1960), Frankreich.
In Paris geboren. Studium in Paris. 1908-1919 Rechtsanwalt, anschließend Magistrat an verschiedenen Pariser Gerichtshöfen. Von Dezember 1940 bis Oktober 1944 erhielt der jüdische Anwalt Berufsverbot. Anschließend wurde Falco Richter am Kassationsgericht (Cour de Cassation). 1945 als Vertreter Frankreichs auf die Londoner Konferenz entsandt und zum stellvertretenden französischen Richter im Nürnberger Hauptkriegsverbrecherprozeß bestellt. 1952 Versetzung in den Ruhestand. 1960 in Paris gestorben.

Henri Donnedieu de Vabres

Robert Falco

Henri Donnedieu de Vabres (1880-1952), France.
Born in Nîmes. Studied at the universities of Montpellier and Paris. 1910-1922 professor at the law faculties in Aix-en-Provence and Montpellier. From 1922 professor of criminal and international law in Paris. 1945-1946 principal French judge in the Nuremberg Trial of German major war criminals. 1950 Chairman of the Second World Congress of Criminal Science. Died 1952 in Paris.

Robert Falco (1882-1960), France.
Born in Paris. Studied in Paris. 1908-1919 lawyer, then magistrate at various courts in Paris. From December 1940 to October 1944 he was banned from practicing law because he was Jewish. Subsequently Falco became a judge at the Court of Appeal (Cour de Cassation). In 1945 he was delegated to the London conference as French representative and appointed deputy French judge in the Nuremberg Trial of German major war criminals. Retired 1952. Died 1960 in Paris.

Robert H. Jackson (1892-1954), USA. In Spring Creek, Pennsylvania geboren. Studium an der Universität von Albany, seit 1918 Rechtsanwalt in Jamestown, 1936-1938 stellvertretender Generalstaatsanwalt. Anschließend Chefjustitiar in der Finanzbehörde in Washington. 1940 Generalstaatsanwalt der USA, seit 1941 Richter am Obersten Gerichtshof (Supreme Court). Eigentlicher Organisator des Internationalen Militärtribunals und amerikanischer Hauptankläger in Nürnberg. 1954 in Washington gestorben.

Roman A. Rudenko (1907-1981), UdSSR. In Nosowka, Ukraine geboren. 1923-1926 Arbeiter in einer Zuckerraffinerie, 1926-1929 Tätigkeit im sowjetischen Jugendverband Komsomol. Besuch der Rechtsakademie Moskau. 1926 Eintritt in die Kommunistische Partei. Seit 1929 Angehöriger der Staatsanwaltschaft. 1942-1953 Staatsanwalt der ukrainischen Sowjetrepublik. 1945-1946 Sowjetischer Hauptankläger in Nürnberg. Ab 1950 Deputierter des Obersten Sowjets. Seit 1954 Generalstaatsanwalt der UdSSR. 1959 Vorsitzender des Kollegiums der Staatsanwälte der UdSSR. Seit 1961 Vollmitglied des Zentralkommites der KPdSU. 1981 in Moskau gestorben.

Sir Hartley Shawcross (1902-2003), Großbritannien. In Gießen geboren. Studium in London und Genf. 1920-1958 Mitglied der Labour Party. Seit 1925 Anwalt in Liverpool. 1927-1934 Professor für Rechtswissenschaften an der Universität Liverpool. 1939 Ernen-

Robert H. Jackson

Roman A. Rudenko

Robert H. Jackson (1892-1954), USA. Born in Spring Creek, Pennsylvania. Studied at the University of Albany, from 1918 lawyer in Jamestown, 1936-1938 Deputy Attorney General. Then chief legal advisor in the Fiscal Bureau in Washington. 1940 Attorney General of the USA, from 1941 Supreme Court judge. Actual organizer of the International Military Tribunal and US principal prosecutor in Nuremberg. Died 1954 in Washington.

Roman A. Rudenko (1907-1981), USSR. Born in Nosovka, Ukraine. 1923-1926 worked in a sugar refinery, 1926-1929 worked in the Soviet youth organization Komsomol. Attended Moscow Academy of Law. 1926 joined the Communist Party. From 1929 member of the Public Prosecutor's Office. 1942-1953 public prosecutor of the Ukrainian Soviet Republic. 1945-1946 Soviet principal prosecutor in Nuremberg. From 1950 deputy of the Supreme Soviet. From 1954 Prosecutor General of the USSR. 1959 Chairman of the Collegium of Public Prosecutors of the USSR. From 1961 full member of the Central Committee of the Soviet Communist Party. Died 1981 in Moscow.

Sir Hartley Shawcross (1902-2003), Great Britain. Born in Gießen. Studied in London and Geneva. 1920-1958 member of the Labour Party. From 1925 lawyer in Liverpool. 1927-1934 professor of law at Liverpool University. 1939 appointed public prosecutor.

nung zum Kronanwalt. 1945-1951 Kronanwalt der Regierung. In dieser Eigenschaft zum Hauptankläger beim Internationalen Militärgerichtshof entsandt. 1945-1949 Delegierter bei der UNO. Bis 1958 auch Abgeordneter im britischen Unterhaus (House of Commons). 1959 in den Adelsstand erhoben. Seither Angehöriger des Britischen Oberhauses (House of Lords). 2003 in Cowbeech gestorben.

Auguste Champetier de Ribes (1882-1947), Frankreich. In Antony geboren. Rechtsanwalt in Paris. 1914-1918 Teilnahme am Ersten Weltkrieg. Seit 1924 Abgeordneter für das Departement Basses-Pyrénées. Gründer der Parti Démocrate Populaire (PDP). 1929 Staatssekretär im Finanzministerium, 1930-1939 Minister für Renten. 1939-1940 Staatssekretär im Ministerium für Auswärtige Angelegenheiten. Nach der Kapitulation Frankreichs 1940 Rückzug aus der Politik und Anschluß an die Résistance. 1942 Verhaftung. Nach der Befreiung Delegierter der Provisorischen beratenden Versammlung (Assemblée consultative provisoire). Im Januar 1946 von De Gaulle zum Militärgerichtshof nach Nürnberg abgeordnet. Er löste den bisherigen französischen Hauptankläger François de Menthon ab. 1946 Ernennung zum Präsidenten des Rates der Republik (Conseil de la République). Im März 1947 in Paris gestorben.

Sir Hartley Shawcross

Auguste Champetier de Ribes

1945-1951 government public prosecutor. In this capacity he was delegated to the International Military Tribunal as principal public prosecutor. 1945-1949 delegate to UNO. Until 1958 also member of the British Parliament in the House of Commons. He was made a peer in 1959, and was a member of the House of Lords from that date. Died 2003 in Cowbeech.

Auguste Champetier de Ribes (1882-1947), France. Born in Antony. Lawyer in Paris. 1914-1918 fought in First World War. From 1924 deputy for the Departement Basses-Pyrénées. Founder of the Parti Démocrate Populaire (PDP). 1929 Undersecretary of State in the Finance Ministry, 1930-1939 Minister for Pensions. 1939-1940 Undersecretary of State in the Foreign Ministry. After the capitulation of France in 1940 he withdrew from politics and joined the Résistance. Arrested 1942. After the Liberation he was delegate of the Provisional Consultative Assembly (Assemblée consultative provisoire). In January 1946 he was assigned by de Gaulle to the International Military Tribunal in Nuremberg. He replaced the previous French Principal Prosecutor François de Menthon. 1946 appointed President of the Council of the Republic (Conseil de la République). Died March 1947 in Paris.

Übersicht über die Besatzungszonen in Deutschland, Oktober 1945.
Lediglich Berlin stand unter Vier-Mächte-Verwaltung.
Manfred Overesch, Das besetzte Deutschland 1945-1947,
Düsseldorf 1986, Buchinnenseite.

Overview of the occupied zones in Germany, October 1945.
Only Berlin was governed by a four-power administration.
From: Manfred Overesch, Das besetzte Deutschland 1945-1947,
(Occupied Germany 1945-1947). Düsseldorf 1986, inside cover.

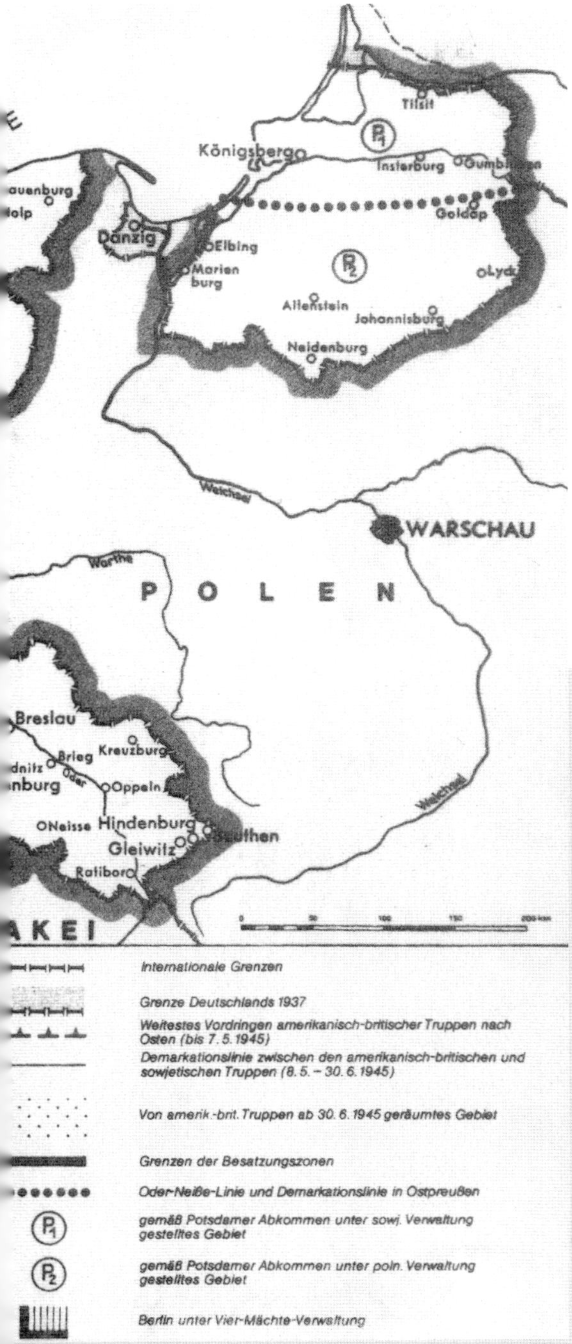

Nürnberg als Prozeßort

Nuremberg as Location of the Trial

Nach Kriegsende besetzten die Alliierten Deutschland und schufen vier Besatzungszonen. Die ehemalige Reichshauptstadt Berlin unterstand einer Vier-Mächte-Verwaltung. Die Sowjetunion wollte den Kriegsverbrecherprozeß in Berlin durchführen. Der Amerikaner Robert H. Jackson favorisierte jedoch einen in der amerikanischen oder britischen Besatzungszone liegenden Prozeßort. Schließlich fand man einen Kompromiß: Berlin wurde zum ständigen Sitz des Gerichtshofs erklärt, in Nürnberg sollte der erste Prozeß gegen die Hauptkriegsverbrecher geführt werden.

Verschiedene Gründe waren für die Wahl Nürnbergs als Gerichtsort ausschlaggebend:

Der weitgehend unzerstörte Nürnberger Justizpalast, 1945.
Am 10. August 1945 mußten die deutschen Justizbehörden das Gebäude räumen. Anschließend begann die Erste US-Infanterie Division im Gebäude mit den Aufräumarbeiten. Kriegsschäden wurden repariert, die Säle, Räume und Flure für die Erfordernisse des Tribunals umgerüstet, Telefon- und Fernschreibanlagen installiert und die Heizung in Gang gesetzt.
Ein großer Pressesaal mußte errichtet, 650 Büros für Richter, Ankläger, Archivare, Übersetzer, Dolmetscher etc. bereitgestellt werden.

The Nuremberg Palace of Justice, largely undamaged by bombing, 1945.
On 10 August 1945 the German court authorities had to vacate the building. Then the First US Infantry Division began clearing up inside the courthouse. War damage was repaired, the courtrooms, rooms and corridors were converted for the needs of the Tribunal. Telephone and telegraph systems were installed and the heating was put into operation.
A large press room had to be set up and 650 offices prepared for judges, prosecutors, archivists, translators, interpreters etc.

After the end of the war the Allies occupied Germany and created four zones of occupation. The former capital of the Reich, Berlin, was governed by a four-power administration.

The Soviet Union wanted to conduct the trial of the war criminals in Berlin. But the American judge Robert H. Jackson preferred a trial location in the US or British occupied zones. Finally a compromise was reached: Berlin was declared permanent seat of the court, but the first trial of the German major war criminals was to be held in Nuremberg.

Nürnberg als »Stadt der Reichsparteitage«, in der die NS-Führung sich alljährlich triumphal selbst feierte und in der sie 1935 die Nürnberger Rassegesetze erlassen hatte, galt als Symbol nationalsozialistischer Herrschaft und empfahl sich daher als Prozeßort für eben jene Männer.
Aber auch unter logistischen Gesichtspunkten sprach viel für Nürnberg.
Der Nürnberger Justizpalast war im Krieg weitgehend unzerstört geblieben, obwohl die Nürnberger Altstadt im Februar 1945 durch Bombenangriffe stark zerstört worden war. Das überaus repräsentative Gebäude besaß die notwendigen Räumlichkeiten für die Durchführung eines derartigen Strafverfahrens. Notwendige Umbau- und Instandsetzungsarbeiten konnten innerhalb weniger Wochen durchgeführt werden.
Direkt hinter dem Justizpalast befand sich ein intaktes Gefängnis, das über genügend Kapazitäten für die Aufnahme der Angeklagten und ihrer Bewacher verfügte. Überdies war es mit dem Justizgebäude durch einen unterirdischen Gang verbunden, von dem ein Aufzug direkt in den Gerichtssaal führte.
Hinzu kam, daß Gerichtsgebäude und Gefängnis leicht von der Umwelt abzuschirmen waren und so den Sicherheitsanforderungen der Alliierten entsprachen.
Darüber hinaus war in Nürnberg und Umgebung die nötige Infrastruktur für die Unterbringung von mehreren tausend Mitarbeitern des Gerichtshofs vorhanden.

Blick in eine Zelle des Nürnberger Gefängnisses, Ende 1945.
Jede Zelle verfügte über eine Toilette, eine Strohmatratze, Wolldecken und einen Tisch, der so gebaut war, daß er das Gewicht der Insassen nicht tragen konnte. Dies sollte Selbstmorde verhindern. Auch die Beleuchtung der Zellen wurde aus diesem Grund verändert.

View of a cell in Nuremberg Prison, end of 1945.
Each cell had a toilet, a straw mattress, wool blankets and a table constructed so that it could not take the weight of the prisoners. This was intended to prevent suicides. The lighting in the cells was altered for the same reason.

Various reasons were decisive for the choice of Nuremberg as location for the court:
Nuremberg, as the "city of the Nazi Party Rallies" in which the Nazi leadership triumphantly celebrated itself every year and where it had decreed the Nuremberg Racial Laws in 1935, was regarded as a symbol of Nazi rule and was thus a fitting location for the trial of these leaders.
From a logistic viewpoint Nuremberg also had much to offer.
The Nuremberg Palace of Justice had largely escaped war damage, although Nuremberg's old city had been severely damaged by bomb raids in February 1945. The highly imposing building had the spatial facilities required for conducting a trial of this kind. The necessary rebuilding and renovation work could be done within a few weeks.
Directly behind the Palace of Justice was an intact prison with sufficient facilities to accommodate the defendants and their guards. And the prison was connected to the courthouse by an underground passage with a lift directly into the courtroom.
Moreover, the Palace of Justice and the prison were easy to shield off from their surroundings and thus met the Allies' security requirements.
Additionally, Nuremberg and its surroundings offered the necessary infrastructure for accommodating the several thousand employees of the court.

»(...) Ehe ich mich versah, fand ich mich eingeschlossen in einer Zelle wieder (...) ein Strohsack, alte zerrissene und verschmutzte Decken, kein Mensch, der eine persönliche Notiz von den Gefangenen nahm.«

Albert Speer, Erinnerungen, Frankfurt und Berlin 1969, S.509.

Blick in den Zellentrakt, 1946.
Vor jeder Zellentür war eine Wache postiert. Die Angeklagten wurden rund um die Uhr bewacht.

View of the cell tract, 1946.
A guard was posted in front of each cell door. The defendants were watched round the clock.

"(...) Before I realized what was happening, I found myself shut in a cell (...) a straw sack, torn and dirty old blankets, nobody who took personal notice of the prisoners."

Albert Speer, Erinnerungen (Memoirs), Frankfurt and Berlin 1969, p.509.

Die Prozeßeröffnung in Berlin

The Opening of the Trial in Berlin

Am 18. Oktober 1945 wurde im Berliner Kammergerichtsgebäude, das seit dem 8. August 1945 den Alliierten Kontrollrat beherbergte, der Internationale Militärgerichtshof eröffnet. In dem Saal, in dem noch ein Jahr zuvor der Volksgerichtshof unter Vorsitz Roland Freislers die Regimegegner des am 20. Juli 1944 mißlungenen Attentats auf Adolf Hitler zum Tode verurteilt hatte, eröffnete der sowjetische Richter Iola T. Nikitschenko die erste Sitzung des Gerichtshofs. Nachdem die Richter ihren Amtseid geleistet hatten, überreichten die vier Hauptankläger dem Gericht die Anklageschrift.
Die Anklage lautete auf:
- Verschwörung gegen den Weltfrieden,
- Planung, Entfesselung und Durchführung eines Angriffskrieges,
- Verbrechen und Verstöße gegen das Kriegsrecht,
- Verbrechen gegen die Menschlichkeit.

Angeklagt wurden 24 Personen, die im nationalsozialistischen Herrschaftssystem führende Stellungen inne hatten:
Hermann Göring, Rudolf Heß, Joachim von Ribbentrop, Robert Ley, Wilhelm Keitel, Ernst Kaltenbrunner, Alfred Rosenberg, Hans Frank, Wilhelm Frick, Julius Streicher, Walther Funk, Hjalmar Schacht, Karl Dönitz, Erich Raeder, Baldur von Schirach, Fritz Sauckel, Alfred Jodl, Martin Bormann, Franz von Papen, Arthur Seyß-Inquart, Albert Speer, Konstantin von Neurath, Hans Fritzsche sowie Gustav Krupp von Bohlen und Halbach.

On 18 October 1945 the Berlin Superior Court of Justice building, which had housed the Allied Control Council since 8 August 1945, was the setting for the opening of the International Military Tribunal.
In the courtroom where one year before the People's Court under president Roland Freisler had sentenced the protagonists of the failed assassination attempt on Hitler on 20 July 1944, Soviet Judge Iola T. Nikitschenko opened the first session of the court. After the judges had sworn their oaths of office, the four principal prosecutors submitted the bill of indictment to the court.
The indictment was as follows:
- conspiracy against peace,
- planning, initiating and waging a war of aggression,
- crimes and contraventions against war conventions,
- crimes against humanity.

24 individuals were indicted who had held leading positions in the Nazi system of power:
Hermann Göring, Rudolf Heß, Joachim von Ribbentrop, Robert Ley, Wilhelm Keitel, Ernst Kaltenbrunner, Alfred Rosenberg, Hans Frank, Wilhelm Frick, Julius Streicher, Walther Funk, Hjalmar Schacht, Karl Dönitz, Erich Raeder, Baldur von Schirach, Fritz Sauckel, Alfred Jodl, Martin Bormann, Franz von Papen, Arthur Seyß-Inquart, Albert Speer, Konstantin von Neurath, Hans Fritzsche and Gustav Krupp von Bohlen und Halbach.

Darüber hinaus wurden erstmals in der Rechtsgeschichte auch sechs Organisationen angeklagt. Dazu gehörten:
Die Reichsregierung, das Führerkorps der NSDAP, die Schutzstaffel (SS) und der Sicherheitsdienst (SD), die Geheime Staatspolizei (Gestapo), die Sturmabteilung (SA), der Generalstab und das Oberkommando der Wehrmacht (OKW).
Nach nur 55 Minuten war die erste Sitzung des Gerichtshofs zu Ende. Das Gericht vertagte sich. Das eigentliche Verfahren sollte am 20. November im Nürnberger Justizpalast fortgesetzt werden.

Titelseite der »Berliner Zeitung« vom 19. Oktober 1945.
Auf mehreren Seiten wurde über die Eröffnung des Internationalen Militärgerichtshofs im Kammergericht Berlin berichtet.

ARCHIV

Einzelnummer 10 Pf.

Berliner Zeitung

Nr. 135 — Freitag, 19. Oktober 1945 — 1. Jahrgang

Die Anklage gegen die faschistischen Hauptkriegsverbrecher

Internationaler Militärgerichtshof eröffnet

Beginn des Gerichtsverfahrens in Nürnberg nach 30 Tagen

Gerichtstag

Autos, Uniformen, Posten, Film- und Pressevertreter. Ein Auf und Ab, ein Hin und Her in den Fluren des ehemaligen Kammergerichtes am Kleistpark. Vor Jahresfrist mag dort ein ähn- … Treiben geherrscht haben, als im … saal die Angeklagten des 20. Juli … den Schranken des Nazigerichtshofes standen, und als Freisler brüllend, hetzend, schimpfend, bramarbasierend wie ein schlechter Schmierenkomödiant die Welt darüber zu täuschen versuchte, daß die wahren Schuldigen, die Verbrecher, in Wirklichkeit auf dem Richterstuhl und …

Berlin, 18. Oktober.
Eigenbericht der „Berliner Zeitung"
Am 18. Oktober 1945, um 10.30 Uhr vormittags, begann in Berlin die erste Sitzung des Internationalen Militärgerichtshofes zur Aburteilung der Hauptkriegsverbrecher der Achsenstaaten im Plenarsaal des ehemaligen Kammergerichts. Der Vorsitzende des Internationalen Gerichtshofes, Generalmajor Nikitschenko, eröffnete die Sitzung mit folgenden Worten:
„In Wahrnehmung des Abkommens, welches zwischen der Regierung der Union der Sozialistischen Sowjetrepubliken, der Vorläufigen Regierung der Französischen Republik, der Regierung der Vereinigten Staaten von Amerika und der Regierung des Vereinigten Königreichs von Großbritannien und Nordirland zum Zwecke der Verfolgung und Bestrafung der Hauptkriegsverbrecher der Achsenstaaten am 8. August 1945 in London abgeschlossen wurde, und auf Grund des Artikels 22 der Urkunde, durch die dieses Internationale Militärgericht geschaffen wurde, erfolgt dieses Zusammentreffen in Berlin zur Entgegennahme der Anklageschrift gemäß Abkommen und Urkunde."

Einzelheiten über die Prozeßführung

… eine schnelle Durchführung der durch die Anschuldigungen eingeleiteten Verhandlungen zu sichern, keine Verzögerung weder in den Vorbereitungen zur Verteidigung noch zur gerichtlichen Untersuchung erlauben wird.
Lord Justice Lawrence wird den Vorsitz der Gerichtsverhandlung in Nürnberg führen.
In Artikel 9 der Urkunde wird ferner bekanntgegeben, daß die Anklage beabsichtigt, vom Gerichtshof die Erklärung zu fordern, daß folgende Organisationen oder Gruppen, denen die Angeklagten oder einige von ihnen angehörten, verbrecherische Organisationen darstellen. Jedes Mitglied einer solchen Gruppe oder Organisation wird berechtigt sein, den Gerichtshof um die Erlaubnis anzugehen, hinsichtlich der Frage des ver- …

Front page of the "Berliner Zeitung" from 19 October 1945.
Several pages carried reports on the opening of the International Military Tribunal in the Berlin Superior Court of Justice.

Moreover, for the first time in legal history six organizations were also indicted. These included:
The Reich Cabinet, the Leadership Corps of the Nazi Party, the Schutzstaffel (SS) and the Security Service (SD), the Secret State Police (Gestapo), the Stormtroopers (SA), the General Staff and the High Command of the German Armed Forces (OKW).
The first session of the tribunal was over after only 55 minutes. The court adjourned, because the actual trial was to begin on 20 November in the Palace of Justice in Nuremberg.

Das Kammergericht in Berlin-Schöneberg, seit 1945
Sitz des Alliierten Kontrollrats, um 1930.
Im Plenarsaal des Kammergerichts tagte 1944 der von Freisler geführte Volksgerichtshof. Am 18. Oktober 1945 trat dort unter Vorsitz des sowjetischen Richters Iola T. Nikitschenko der Internationale Militärgerichtshof zusammen.

The Superior Court of Justice in Berlin-Schöneberg, from 1945
seat of the Allied Control Council, ca. 1930.
The People's Court led by Freisler sat in the assembly hall of the Superior Court of Justice in 1944. On 18 October 1945 the International Military Tribunal convened there under the presidency of Soviet Judge Iola T. Nikitschenko.

Eröffnung des Internationalen Militärgerichtshofs im Kammergericht Berlin, 18. Oktober 1945. Blick auf das Richtergremium.
Von links: John J. Parker, Francis A. Biddle (USA), Alexander F. Wolchkow, Iola T. Nikitschenko (UdSSR), Geoffrey Lawrence und Norman Birkett (GB). Vor versammelten Pressevertretern übergaben die vier Hauptankläger dem Gerichtshof die Anklageschrift.

Opening of the International Military Tribunal in the Berlin Superior Court of Justice, 18 October 1945. View of the panel of judges.
From left: John J. Parker, Francis A. Biddle (USA), Alexander F. Volchkov, Iola T. Nikitschenko (USSR), Geoffrey Lawrence and Norman Birkett (GB). Watched by assembled representatives of the press, the four principal prosecutors submitted the bill of indictment to the court.

Hermann Göring (1893-1946)

Militärische Ausbildung an den Kadettenanstalten Karlsruhe und Berlin-Lichterfelde. Im Ersten Weltkrieg Jagdflieger und letzter Kommandant des Geschwaders Richthofen. 1922 Eintritt in die NSDAP. Seit 1928 Mitglied des Reichstags. 1933 zunächst zum Reichsminister ohne Geschäftsbereich, dann zum Reichsminister für Luftfahrt ernannt. Im selben Jahr übernahm er das preußische Innenministerium. In dieser Funktion war er bis November 1934 für den Aufbau und die Führung des Geheimen Staatspolizeiamtes (Gestapa) zuständig. Seit 1935 Oberbefehlshaber der Luftwaffe, seit 1936 als Beauftragter für den Vierjahresplan für Wirtschaftsfragen zuständig. 1939 offizielle Ernennung zum Nachfolger Hitlers, seit 1940 auch »Reichsmarschall des Großdeutschen Reiches«. Ende April 1945 von Hitler aller Ämter enthoben. Nach Kriegsende verhaftet und vom Internationalen Militärgerichtshof in Nürnberg in allen vier Anklagepunkten für schuldig befunden und zum Tode verurteilt. Göring beging am 15. Oktober 1946 Selbstmord - zwei Stunden vor dem Hinrichtungstermin.

Military training at the military colleges in Karlsruhe and Berlin-Lichterfelde. In the First World War fighter pilot and last commander of the Richthofen Squadron. 1922 joined the Nazi Party. From 1928 Member of the Reichstag (German Parliament). 1933 first appointed Reich Minister without Portfolio, then Reich Minister of Aviation. In the same year he took charge of the Prussian Interior Ministry. In this capacity he was responsible for the construction and leadership of the Secret State Police Office (Gestapa) until November 1934. From 1935 he was Commander in Chief of the Air Force, from 1936 he was responsible for economic questions as Commissioner for the Four-Year Plan. In 1939 he was officially named Hitler's successor, from 1940 also "Reich Marshal of the Great German Reich". At the end of April 1945 he was relieved of all his posts by Hitler. After the end of the war he was arrested and found guilty on all four charges by the International Military Tribunal in Nuremberg and sentenced to death. On 15 October 1946 Göring committed suicide - two hours before the execution was due to take place.

Rudolf Heß (1894-1987)

In Ägypten geboren. Fliegerleutnant im Ersten Weltkrieg. Studium der Geschichte und Geopolitik in München. 1920 Eintritt in die Deutsche Arbeiterpartei (Vorläufer der NSDAP). 1923, nach dem gescheiterten Putschversuch Hitlers in München, zusammen mit Hitler zu Festungshaft in Landsberg verurteilt. Seither Privatsekretär Hitlers. Seit 1933 »Stellvertreter des Führers« und Reichsminister ohne Geschäftsbereich. 1941 flog Heß mit dem Ziel von Friedensverhandlungen eigenmächtig nach Schottland, wo er in Gefangenschaft geriet. 1945 Überstellung nach Deutschland und Anklage im Nürnberger Hauptkriegsverbrecherprozeß. Wegen Verschwörung gegen den Weltfrieden und Planung eines Angriffskrieges zu lebenslanger Haft verurteilt. Als letzter Insasse des Alliierten Kriegsverbrechergefängnisses Berlin-Spandau beging er 1987 Selbstmord.

Born in Egypt. Flight lieutenant in First World War. Studied history and geopolitics in Munich. 1920 joined the German Workers Party (predecessor to the Nazi Party). 1923, after Hitler's failed putsch in Munich, sentenced to imprisonment in Landsberg fortress prison with Hitler. Hitler's private secretary from that time on. From 1933 the "Führer's Deputy" and Reich Minister without Portfolio. In 1941 Heß flew to Scotland on his own authority with the aim of negotiating peace. He landed up in prison there. In 1945 he was handed over to Germany and indicted in the Nuremberg Trial of major war criminals. He was sentenced to life imprisonment for conspiracy against peace and planning a war of aggression. The last prisoner in the Allied Prison for War Criminals in Berlin-Spandau, he committed suicide in 1987.

Joachim von Ribbentrop (1893-1946)

Kaufmann. 1932 Eintritt in die NSDAP. Der Repräsentant der Sektfirma Henkell brachte Hitler in Kontakt mit finanzstarken Industriellen. Seit 1933 Mitglied des Reichstags. 1935 Leiter des Amtes für außenpolitische Sonderfragen im Stab Heß und Sonderbotschafter in London. Seit 1936 deutscher Botschafter in London. 1938-1945 Reichsaußenminister. In dieser Funktion unterzeichnete er am 23. August 1939 den deutsch-sowjetischen Nichtangriffsvertrag (Hitler-Stalin-Pakt). Im Nürnberger Hauptkriegsverbrecherprozeß in allen Anklagepunkten für schuldig befunden und zum Tode verurteilt. Ribbentrop wurde am 16. Oktober 1946 hingerichtet.

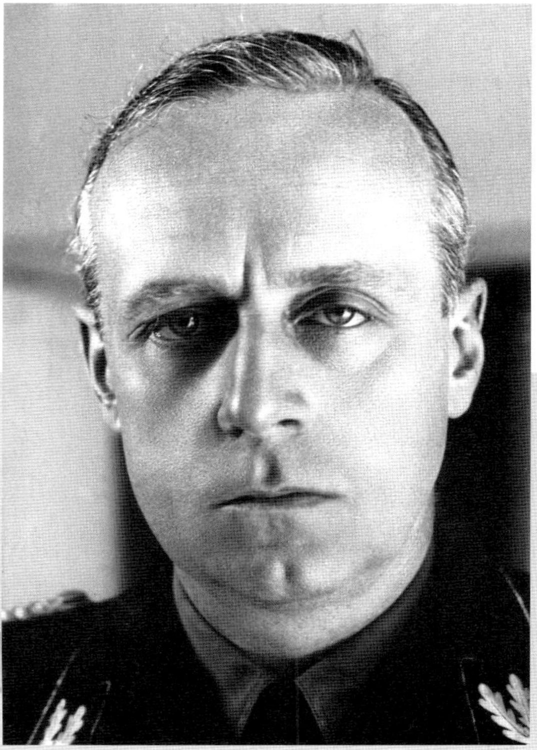

Businessman. 1932 joined the Nazi Party. As representative of Henkell sparkling wine company he brought Hitler into contact with wealthy industrialists. From 1933 Member of the Reichstag. 1935 on Heß's staff as head of the Office for Special Questions of Foreign Policy and Special Ambassador in London. From 1936 German Ambassador in London. 1938-1945 Reich Foreign Minister. In this capacity he signed the German-Soviet Non-Aggression Pact (Hitler-Stalin Pact) on 23 August 1939. In the Nuremberg Trial of German major war criminals he was found guilty on all charges and sentenced to death. Ribbentrop was executed on 16 October 1946.

Dr. Robert Ley (1890-1945)

Chemiker. Kriegsfreiwilliger im Ersten Weltkrieg. 1925 Eintritt in die NSDAP. Seit 1926 Gauleiter der NSDAP im Rheinland. Seit 1930 Mitglied des Reichstags. Anfang Mai 1933 ließ er die Gewerkschaften auflösen und gründete mit der Deutschen Arbeitsfront (DAF) die größte Massenorganisation des »Dritten Reiches«, an deren Spitze er bis Kriegsende stand. Seit Mai 1945 in amerikanischer Gefangenschaft, wurde er vor dem Internationalen Militärgerichtshof in Nürnberg als Kriegsverbrecher angeklagt. Am 26. Oktober 1945, wenige Wochen vor Verhandlungsbeginn, beging Ley Selbstmord.

Chemist. Volunteer soldier in First World War. 1925 joined the Nazi Party. From 1926 Gauleiter (regional leader) of the Nazi Party in the Rhineland. From 1930 Member of the Reichstag. At the beginning of 1933 he had the trade unions disbanded and established the German Work Front (DAF), the biggest mass organization of the "Third Reich"; he remained its leader until the end of the war. From May 1945 he was a prisoner of the Americans, and was indicted as a war criminal at the International Military Tribunal in Nuremberg. On 26 October 1945, a few weeks before the start of the trial, Ley committed suicide.

Wilhelm Keitel (1882-1946)

Berufssoldat. 1901 Eintritt ins Militär. Teilnahme am Ersten Weltkrieg. Übernahme ins »Hunderttausend-Mann-Heer« und später in die Reichswehr. 1929-1934 Leiter der Heeresorganisationsabteilung. 1935-1938 Chef des Wehrmachtamtes im Reichskriegsministerium. Seit 1938 Chef des Oberkommandos der Wehrmacht. 1940 Ernennung zum Generalfeldmarschall. Am 9. Mai 1945 unterzeichnete Keitel im sowjetischen Hauptquartier Berlin-Karlshorst die bedingungslose Kapitulation der Wehrmacht. 1946 vom Internationalen Militärgerichtshof in Nürnberg in allen Anklagepunkten für schuldig befunden, zum Tode verurteilt und am 16. Oktober 1946 hingerichtet.

Professional soldier. 1901 entered military service. Fought in First World War. Transferred to the "Hundred-thousand-man Army" (professional army established by the Treaty of Versailles) and later to the German Army (Reichswehr). 1929-1934 head of the Army Organization Department. 1935-1938 Chief of the German Armed Forces Office in the Reich War Ministry. From 1938 Chief of the High Command of the German Armed Forces. 1940 appointed field marshal. On 9 May 1945 Keitel signed the unconditional surrender of the German Armed Forces at the Soviet headquarters in Berlin-Karlshorst. In 1946 he was found guilty on all charges by the International Military Tribunal in Nuremberg. He was sentenced to death and executed on 16 October 1946.

Dr. Ernst Kaltenbrunner (1903-1946)

Rechtsanwalt. 1930 Eintritt in die österreichische NSDAP, seit 1931 Angehöriger der SS. 1934-1935 Führer der 37. SS-Standarte in Linz, seit 1937 Führer der gesamten österreichischen SS. Nach dem »Anschluß Österreichs« von 1938-1943 Höherer SS- und Polizeiführer in Wien. 1943-1945 Chef des Reichssicherheitshauptamtes und Chef der Sicherheitspolizei und des Sicherheitsdienstes. Kaltenbrunner wurde vom Internationalen Militärgerichtshof wegen Kriegsverbrechen und Verbrechen gegen die Menschlichkeit zum Tode verurteilt und am 16. Oktober 1946 hingerichtet.

Lawyer. 1930 joined the Austrian Nazi Party, from 1931 member of the SS. 1934-1935 Leader of the 37th SS Standarte in Linz, from 1937 Leader of the whole Austrian SS. After the "annexation of Austria", from 1938-1943 he was Higher SS and Police Leader in Vienna. From 1943-1945 he was Chief of the Reich Security Main Office and Chief of the Security Police and Security Service. Kaltenbrunner was sentenced to death by the International Military Tribunal for war crimes and crimes against humanity and executed on 16 October 1946.

Alfred Rosenberg (1893-1946)

In Estland geboren. Architekt. 1919 Flucht nach Deutschland. 1920 Eintritt in die Deutsche Arbeiterpartei (später NSDAP). Seit 1923 Hauptschriftleiter der NSDAP-Zeitung »Völkischer Beobachter«, verfaßte 1930 die rassistische Schrift »Der Mythus des 20. Jahrhunderts«. 1930 Mitglied des Reichstags. 1933-1935 Leiter des Außenpolitischen Amtes der NSDAP. Galt als Chefideologe der Nationalsozialisten. Seit 1940 als Leiter des »Einsatzstabes Rosenberg« für die Plünderung von Bibliotheken, Archiven und Kunstgalerien im besetzten Europa verantwortlich. 1941-1945 Reichsminister für die besetzten Ostgebiete. Rosenberg wurde vom Internationalen Militärgerichtshof in allen Anklagepunkten für schuldig befunden, zum Tode verurteilt und am 16. Oktober 1946 hingerichtet.

Born in Estonia. Architect. 1919 fled to Germany. 1920 joined the German Workers' Party (later Nazi Party). From 1923 editor in chief of the Nazi Party newspaper "Völkischer Beobachter", in 1930 wrote the racist pamphlet "The Myth of the 20th Century". 1930 Member of the Reichstag. 1933-1935 head of the Foreign Office of the Nazi Party. Regarded as the chief ideologist of the Nazis. From 1940 responsible as head of the "Rosenberg Special Staff" for plundering libraries, archives and art galleries in occupied Europe. 1941-1945 Reich Minister for the occupied territories in Eastern Europe. Rosenberg was found guilty on all charges by the International Military Tribunal in Nuremberg, sentenced to death and executed on 16 October 1946.

Dr. Hans Frank (1900-1946)

Jurist, Mitglied im Freikorps Epp. 1923 Eintritt in die NSDAP und die SA. Seit 1927 Rechtsanwalt in München. Rechtsberater der NSDAP. 1928 Begründer des Bundes Nationalsozialistischer deutscher Juristen (ab 1936 Rechtswahrerbund). Seit 1930 Mitglied des Reichstags. 1933 Justizminister in Bayern, seit 1934 Minister ohne Geschäftsbereich in der Reichsregierung. Seit Oktober 1939 als Generalgouverneur in Polen für die Ermordung der jüdischen Bevölkerung im Generalgouvernement sowie die Verschleppung von mehr als einer Million polnischer Zwangsarbeiter zum Arbeitseinsatz in der deutschen Rüstungsindustrie mitverantwortlich. 1945 Verhaftung. Im Hauptkriegsverbrecherprozeß in Nürnberg wegen Kriegsverbrechen und Verbrechen gegen die Menschlichkeit zum Tode verurteilt und am 16. Oktober 1946 hingerichtet.

Jurist, member of Freikorps Epp. 1923 joined the Nazi Party and the SA. From 1927 lawyer in Munich. Legal advisor to the Nazi Party. 1928 founder of the Association of National Socialist German Jurists (from 1936 the Rechtswahrerbund - Association for Preservation of the Law). From 1930 Member of the Reichstag. 1933 Minister of Justice in Bavaria, from 1934 Minister without Portfolio in the Reich Government. From October 1939 as Governor General in Poland he shared responsibility for the murder of the Jewish population in the "Generalgouvernement", and for the deportation of more than a million Polish forced laborers for deployment in the German armaments industry. Arrested 1945. Sentenced to death in the Nuremberg Trial of German major war criminals for war crimes and crimes against humanity and executed on 16 October 1946.

Dr. Wilhelm Frick (1877-1946)

Jurist. Seit 1917 Angehöriger der Polizeidirektion München. 1924-1933 Mitglied des Reichstags. 1925 Eintritt in die NSDAP. 1930-1931 Minister für Inneres und Volksbildung in Thüringen. 1933-1943 Reichsinnenminister. 1943-1945 Reichsprotektor in Böhmen und Mähren. Frick wurde vom Internationalen Militärgerichtshof in Nürnberg wegen Planung eines Angriffskrieges, Kriegsverbrechen und Verbrechen gegen die Menschlichkeit zum Tode verurteilt und am 16. Oktober 1946 hingerichtet.

Jurist. From 1917 member of the police headquarters in Munich. 1924-1933 Member of the Reichstag. 1925 joined the Nazi Party. 1930-1931 Interior Minister and Minister for Popular Education in Thuringia. 1933-1943 Reich Interior Minister. 1943-1945 Reich Protector in Bohemia and Moravia. Frick was sentenced to death by the International Military Tribunal in Nuremberg for planning a war of aggression, war crimes and crimes against humanity and was executed on 16 October 1946.

Julius Streicher (1885-1946)

Volksschullehrer. Teilnahme am Ersten Weltkrieg. Seit 1919 Führer der Deutschen Sozialistischen Partei, die 1922 in der NSDAP aufging. Beteiligung an Hitlers Putschversuch 1923. Gründer und Herausgeber des antisemitischen Wochenblattes »Der Stürmer«, 1925-1940 Gauleiter in Franken. Seit 1933 Mitglied des Reichstags. Streicher wurde vom Internationalen Militärgerichtshof in Nürnberg wegen Verbrechen gegen die Menschlichkeit zum Tode verurteilt und am 16. Oktober 1946 hingerichtet.

Elementary school teacher. Fought in First World War. From 1919 leader of the German Socialist Party, which was absorbed into the Nazi Party in 1922. Participated in Hitler's attempted putsch in 1923. Founder and publisher of the anti-Semitic weekly "Der Stürmer", 1925-1940 Gauleiter in Franconia. From 1933 Member of the Reichstag. Streicher was sentenced to death by the International Military Tribunal in Nuremberg for crimes against humanity and executed on 16 October 1946.

Walther Funk (1890-1960)

Journalist. Teilnahme am Ersten Weltkrieg. 1931 Eintritt in die NSDAP, persönlicher Wirtschaftsberater Hitlers. 1933-1937 Staatssekretär und Leiter der Presseabteilung im Reichsministerium für Volksaufklärung und Propaganda. Seit 1938 Reichswirtschaftsminister und Generalbevollmächtigter für die Kriegswirtschaft, seit 1939 auch Präsident der Deutschen Reichsbank. In dieser Funktion war er für die wirtschaftliche und finanzielle Kriegführung zuständig. Funk wurde vom Internationalen Militärgerichtshof in Nürnberg wegen Planung eines Angriffskrieges, Kriegsverbrechen und Verbrechen gegen die Menschlichkeit zu lebenslanger Haft verurteilt. 1957 aus gesundheitlichen Gründen vorzeitig aus dem Kriegsverbrechergefängnis Berlin-Spandau entlassen. 1960 in Düsseldorf gestorben.

Journalist. Fought in First World War. 1931 joined the Nazi Party; Hitler's personal economic advisor. 1933-1937 Undersecretary of State and head of the Press Department in the Reich Ministry of Public Information and Propaganda. From 1938 Reich Minister for the Economy and Plenipotentiary for the War Economy, from 1939 also President of the German Reichsbank. In this capacity he was responsible for the economic and financial conduct of the war. Funk was sentenced by the International Military Tribunal in Nuremberg to life imprisonment for planning a war of aggression, war crimes and crimes against humanity. In 1957 he was prematurely released on health grounds from the Prison for War Criminals in Berlin-Spandau. Died 1960 in Dusseldorf.

Dr. Hjalmar Schacht (1877-1970)

Bankier. 1916-1923 Direktor der Deutschen Nationalbank. 1918-1926 Mitglied der Deutschen Demokratischen Partei (DDP), 1923-1930 Reichsbankpräsident, seit 1930 Wirtschaftsberater der NSDAP, 1933-1939 erneut Präsident der Reichsbank. 1934-1937 auch Reichswirtschaftsminister, anschließend bis 1943 Reichsminister ohne Geschäftsbereich. Ende Juli 1944 wegen mutmaßlicher Beteiligung am Attentat auf Hitler am 20. Juli 1944 verhaftet und ins Konzentrationslager Flossenbürg überstellt. Im Nürnberger Hauptkriegsverbrecherprozeß im Oktober 1946 freigesprochen. Im selben Jahr von einer Stuttgarter Spruchkammer zu acht Jahren Arbeitslager verurteilt. Nach seiner Haftentlassung 1948 als Wirtschafts- und Finanzberater tätig. 1970 in München gestorben.

Banker. 1916-1923 director of the German National Bank. 1918-1926 member of the German Democratic Party (DDP), 1923-1930 President of the Reichsbank, from 1930 economic advisor to the Nazi Party, 1933-1939 again President of the Reichsbank. 1934-1937 also Reich Minister for the Economy, then Reich Minister without Portfolio until 1943. Arrested at the end of July 1944 for suspected involvement in the assassination attempt on Hitler on 20 July 1944, and committed to Flossenbürg concentration camp. Acquitted in the Nuremberg Trial of German major war criminals in October 1946. In the same year sentenced to eight years in a labor camp by a denazification tribunal in Stuttgart. After his release from prison in 1948 he worked as an economic and financial consultant. Died 1970 in Munich.

Karl Dönitz (1891-1980)

Berufssoldat. 1910 Eintritt in die Marine. U-Boot-Kommandant im Ersten Weltkrieg. Nach Kriegsende in die Reichsmarine übernommen, seit 1936 Befehlshaber der U-Boot-Flotte. 1943 Großadmiral und Oberbefehlshaber der Kriegsmarine. Von Hitler in seinem »politischen Testament« zum Nachfolger bestimmt, bildete Dönitz nach dem 2. Mai 1945 die letzte »geschäftsführende Reichsregierung«. 23. Mai 1945 Verhaftung. Im Nürnberger Hauptkriegsverbrecherprozeß am 1. Oktober 1946 wegen Kriegsverbrechen und Führung eines Angriffskrieges zu 10 Jahren Haft verurteilt. 1956 Haftentlassung aus dem Kriegsverbrechergefängnis Berlin-Spandau. 1980 in Aumühle gestorben.

Professional soldier. 1910 entered the navy. U-boat commander in First World War. After the end of the war transferred to the Reich Navy, from 1936 Commander in Chief of the U-boat Fleet. 1943 Admiral of the Fleet and Commander in Chief of the War Navy. Designated as Hitler's successor in his "political testament", after 2 May 1945 Dönitz formed the last "caretaker Reich government". Arrested 23 May 1945. Sentenced on 1 October 1946 in the Nuremberg Trial of German major war criminals to 10 years imprisonment for war crimes and waging a war of aggression. 1956 released from the Prison for War Criminals in Berlin-Spandau. Died 1980 in Aumühle.

Erich Raeder (1876-1960)

Berufssoldat. 1894 Eintritt in die Marine. Kommandant eines Kreuzers im Ersten Weltkrieg. 1920 Übernahme in die Reichswehr. Seit 1928 Chef der Marineleitung, 1935-1943 Oberbefehlshaber der Kriegsmarine. 1939 Ernennung zum Großadmiral. Am 1. Oktober 1946 vom Internationalen Militärgerichtshof in Nürnberg wegen Verschwörung gegen den Weltfrieden, Führung eines Angriffskrieges und Kriegsverbrechen zu lebenslanger Haft verurteilt. 1955 vorzeitige Haftentlassung aus dem Kriegsverbrechergefängnis Berlin-Spandau. 1960 in Kiel gestorben.

Professional soldier. 1894 entered the navy. Battleship commander in First World War. 1920 transferred to the German Army (Reichswehr). From 1928 Chief of the Navy Directorate, 1935-1943 Commander in Chief of the War Navy. 1939 appointed Admiral of the Fleet. Sentenced on 1 October 1946 by the Nuremberg Military Tribunal to life imprisonment for conspiracy against world peace, waging a war of aggression and war crimes. 1955 prematurely released from the Prison for War Criminals in Berlin-Spandau. Died 1960 in Kiel.

Baldur von Schirach (1907-1974)

Germanist. Seit 1928 Führer des NS-Studentenbundes, 1931-1940 Reichsjugendführer, 1940-1945 Gauleiter in Wien. In dieser Eigenschaft für die Deportation der in Österreich lebenden Juden mitverantwortlich. Der Internationale Militärgerichtshof in Nürnberg verurteilte Schirach am 1. Oktober 1946 wegen Verbrechen gegen die Menschlichkeit zu 20 Jahren Haft. 1966 Haftentlassung aus dem Kriegsverbrechergefängnis Berlin-Spandau. 1974 in Kröv gestorben.

Scholar of German language and literature. From 1928 Leader of the Nazi Student Association, 1931-1940 Reich Youth Leader, 1940-1945 Gauleiter in Vienna. In this capacity he shared responsibility for the deportation of Jews living in Austria. On 1 October 1946 the International Military Tribunal in Nuremberg sentenced Schirach to 20 years imprisonment for crimes against humanity. In 1966 he was released from the Prison for War Criminals in Berlin-Spandau. Died 1974 in Kröv.

Fritz Sauckel (1894-1946)

Kapitän der Handelsmarine. Teilnahme am Ersten Weltkrieg, anschließend Ausbildung zum Ingenieur. 1922 Eintritt in die SA, 1923 Eintritt in die NSDAP. Seit 1927 Gauleiter in Thüringen. 1932-1933 Ministerpräsident und Innenminister in Thüringen. 1933-1945 Reichsstatthalter in Thüringen. 1935-1937 zudem Reichsstatthalter in Braunschweig. Seit 1942 auch Generalbevollmächtigter für den Arbeitseinsatz. In dieser Eigenschaft war er für die Massendeportationen von etwa fünf Millionen ausländischen Arbeitskräften nach Deutschland verantwortlich. Sauckel wurde vom Internationalen Militärgerichtshof wegen Kriegsverbrechen und Verbrechen gegen die Menschlichkeit zum Tode verurteilt und am 16. Oktober 1946 hingerichtet.

Captain in the Merchant Navy. Fought in First World War, then trained as an engineer. 1922 joined the SA, 1923 joined the Nazi Party. From 1927 Gauleiter in Thuringia. 1932-1933 Minister President and Interior Minister in Thuringia. 1933-1945 Reich Governor in Thuringia. 1935-1937 also Reich Governor in Braunschweig. From 1942 also Plenipotentiary for the Deployment of Labor. In this capacity he was responsible for the mass deportations of around five million foreign workers to Germany. Sauckel was sentenced to death by the International Military Tribunal for war crimes and crimes against humanity and executed on 16 October 1946.

Alfred Jodl (1890-1946)

Berufssoldat. 1910 Eintritt ins Militär. Teilnahme am Ersten Weltkrieg. 1919 Übernahme ins »Hunderttausend-Mann-Heer«. 1935-1938 Chef der Abteilung L (Landesverteidigung) im Reichskriegsministerium. 1939-1945 Chef des Wehrmachtführungsamtes und Berater Hitlers in strategischen und operativen Fragen. 1944 Generaloberst. Mai 1945 Angehöriger der letzten »amtierenden Reichsregierung« unter Karl Dönitz. Jodl unterzeichnete am 7. Mai 1945 in Reims die bedingungslose Kapitulation Deutschlands. Am 23. Mai 1945 verhaftet. Vom Internationalen Militärgerichtshof in allen Anklagepunkten für schuldig befunden, zum Tode verurteilt und am 16. Oktober 1946 hingerichtet. 1953 von der Spruchkammer München posthum als »entlastet« eingestuft.

Professional soldier. 1910 entered military service. Fought in First World War. 1919 transferred to the "Hundred-thousand-man Army". 1935-1938 Chief of Department L (National Defense) in the Reich War Ministry. 1939-1945 Chief of the German Armed Forces Executive Office and Hitler's advisor on strategic and operational questions. 1944 colonel general. May 1945 member of the last "acting Reich government" under Karl Dönitz. On 7 May 1945 Jodl signed the unconditional surrender of Germany in Reims. Arrested on 23 May 1945. Jodl was found guilty on all charges by the International Military Tribunal, sentenced to death and executed on 16 October 1946. In 1953 he was posthumously classified as "exonerated" by the Munich Denazification Tribunal.

Martin Bormann (1900-1945)

Landwirt. 1927 Eintritt in die NSDAP und die SA. 1928 Hauptgeschäftsführer der NSDAP in Thüringen. 1933 Reichsleiter und Stabschef beim »Stellvertreter des Führers« Rudolf Heß. 1941-1945 Leiter der Parteikanzlei, 1943 offizielle Ernennung zum Sekretär des Führers. Anfang Mai 1945 bei einem Fluchtversuch aus dem eingeschlossenen Berlin gestorben. Aufgrund der Unklarheit seines Verbleibs wurde er in Abwesenheit vor dem Internationalen Militärgerichtshof angeklagt und am 1. Oktober 1946 zum Tode verurteilt. 1954 offiziell für tot erklärt. Ende 1972 wurde Bormanns Skelett in Berlin entdeckt, seit 1973 gilt sein Tod als amtlich erwiesen.

Farmer. 1927 joined the Nazi Party and the SA. 1928 general manager of the Nazi Party in Thuringia. 1933 Reichsleiter (national Nazi leader) and chief of staff for "Hitler's Deputy", Rudolf Heß. 1941-1945 head of the Party Chancellory, 1943 officially appointed Hitler's secretary. Died at the beginning of May 1945 while attempting to flee from Berlin, which was encircled by Allied troops. Since his whereabouts were unknown, Bormann was indicted in absentia by the International Military Tribunal and sentenced to death on 1 October 1946. In 1954 he was officially declared dead. At the end of 1972 Bormann's skeleton was discovered in Berlin. Since 1973 his death has been regarded as officially established.

Franz von Papen (1879-1969)

1898 Eintritt ins Militär. 1913-1915 Militärattaché in Mexiko und Washington. Teilnahme am Ersten Weltkrieg. 1920-1932 Abgeordneter der Zentrumspartei im preußischen Landtag. 1. Juni 1932-17. November 1932 Deutscher Reichskanzler. 1933 Vizekanzler im Kabinett Hitlers. 1934-1938 Deutscher Botschafter in Wien, 1939-1944 Deutscher Botschafter in Ankara. 1945 verhaftet. Freispruch im Nürnberger Hauptkriegsverbrecherprozeß. 1947 von der Spruchkammer Nürnberg als »hauptschuldig« eingestuft und zu acht Jahren Arbeitslager verurteilt. 1949 Haftentlassung. 1969 in Obersasbach gestorben.

1898 entered military service. 1913-1915 military attaché in Mexico and Washington. Fought in First World War. 1920-1932 deputy for the Zentrumspartei (Centre Party) in the Prussian House of Representatives. 1 June 1932-17 November 1932 Chancellor of the German Reich. 1933 Vice-Chancellor in Hitler's cabinet. 1934-1938 German Ambassador in Vienna, 1939-1944 German Ambassador in Ankara. Arrested 1945. Acquitted in the Nuremberg Trial of German major war criminals. 1947 classified by the Nuremberg Denazification Tribunal as a "main offender" and sentenced to eight years in a labor camp. 1949 released from prison. Died 1969 in Obersasbach.

Arthur Seyß-Inquart (1892-1946)

Rechtsanwalt. Kriegsfreiwilliger im Ersten Weltkrieg. Seit 1931 Mitglied im Steirischen Heimatschutz. 1937 Mitglied des österreichischen Staatsrats. Im Februar 1938 Österreichischer Innenminister, nach dem »Anschluß Österreichs« im März 1938 zum Reichsstatthalter ernannt. 1939-1940 stellvertretender Generalgouverneur in Polen. 1940-1945 »Reichskommissar für die besetzten niederländischen Gebiete«. In dieser Eigenschaft war er für die Deportation der niederländischen Juden und die Zwangsverschleppung von Millionen Niederländern ins Reich mitverantwortlich. Seyß-Inquart wurde vom Internationalen Militärgerichtshof wegen Planung und Durchführung eines Angriffskrieges, Kriegsverbrechen und Verbrechen gegen die Menschlichkeit zum Tode verurteilt und am 16. Oktober 1946 hingerichtet.

Lawyer. Volunteer soldier in First World War. From 1931 member of the Styrian Home Defense. 1937 member of the Austrian Council of State. In February 1938 Austrian Interior Minister, appointed Reich Governor after the "annexation of Austria" in March 1938. 1939-1940 Deputy Governor General in Poland. 1940-1945 "Reich Commissioner for the occupied Dutch territories". In this capacity he shared responsibility for the deportation of Dutch Jews and the forced deportation of millions of Dutch citizens to the Reich. Seyß-Inquart was sentenced to death by the International Military Tribunal for planning and waging a war of aggression, war crimes and crimes against humanity and was executed on 16 october 1946.

Albert Speer (1905-1981)

Architekt. 1931 Eintritt in die NSDAP. 1937 Ernennung zum Generalbauinspekteur für die Reichshauptstadt Berlin. Seit 1941 Mitglied des Reichstags. 1942 Nachfolger des verstorbenen Fritz Todt als Reichsminister für Bewaffnung und Munition, Generalinspekteur für das deutsche Straßenwesen sowie für Wasser und Energie. Seit 1943 Reichsminister für Rüstung und Kriegsproduktion. Wegen Mitwirkung am Zwangsarbeitssystem, Kriegsverbrechen und Verbrechen gegen die Menschlichkeit vom Internationalen Militärgerichtshof in Nürnberg am 1. Oktober 1946 zu 20 Jahren Haft verurteilt. 1966 Haftentlassung aus dem Kriegsverbrechergefängnis Spandau. 1981 in London gestorben.

Architect. 1931 joined the Nazi Party. 1937 appointed Inspector General for Building for the Reich capital Berlin. From 1941 Member of the Reichstag. 1942 succeeded the deceased Fritz Todt as Reich Minister for Armaments and Munitions; Inspector General for the German road system as well as water and energy. From 1943 Reich Minister for Armaments and War Production. On 1 October 1946 the International Military Tribunal sentenced Speer to 20 years imprisonment for participation in the forced labor system, war crimes and crimes against humanity. In 1966 he was released from Spandau Prison for War Criminals. Died 1981 in London.

Konstantin von Neurath (1873-1956)

Diplomat. 1903-1908 Vizekonsul in London, 1919-1921 Gesandter in Kopenhagen, seit 1921 Botschafter in Rom, 1930 in gleicher Eigenschaft nach London versetzt. 1933-1938 Reichsaußenminister. 1939-1943 Reichsprotektor in Böhmen und Mähren, seit 1941 beurlaubt. Am 1. Oktober 1946 im Nürnberger Hauptkriegsverbrecherprozeß in allen Anklagepunkten für schuldig befunden und zu 15 Jahren Haft verurteilt. 1954 vorzeitige Haftentlassung aus dem Kriegsverbrechergefängnis Berlin-Spandau. 1956 in Enzweihingen gestorben.

Diplomat. 1903-1908 vice-consul in London, 1919-1921 envoy in Copenhagen, from 1921 ambassador in Rome, 1930 transferred to London as ambassador. 1933-1938 Reich Foreign Minister. 1939-1943 Reich Protector in Bohemia and Moravia, on leave from 1941. On 1 October 1946 found guilty on all charges in the Nuremberg Trial of German major war criminals and sentenced to 15 years imprisonment. Prematurely released in 1954 from the Prison for War Criminals in Berlin-Spandau. 1956 died in Enzweihingen.

Hans Fritzsche (1900-1953)

Journalist. 1924 Schriftleiter beim Presse-Nachrichtendienst. 1932 Leiter des Drahtlosen Dienstes beim Deutschen Rundfunk. Im Mai 1933 Ernennung zum Leiter des Nachrichtenwesens in der Presseabteilung des Reichsministeriums für Volksaufklärung und Propaganda. Seit 1942 Leiter der Rundfunkabteilung. Durch seine linientreuen Rundfunkkommentare »hier spricht Hans F.« bekannt geworden. Fritzsche wurde vom Internationalen Militärgericht in Nürnberg in allen Anklagepunkten freigesprochen. 1947 in einem Spruchkammerverfahren zu neun Jahren Arbeitslager verurteilt. 1950 Haftentlassung. 1953 in Köln gestorben.

Journalist. 1924 editor in chief at the Press News Service. 1932 Head of the Wireless Service at German Radio. In May 1933 appointed Head of News in the Press Department of the Reich Ministry for Public Information and Propaganda. From 1942 Head of the Radio Department. Became well-known for his radio commentaries "Hans F. speaking", which loyally followed the Party line. Fritzsche was acquitted on all charges by the International Military Tribunal in Nuremberg. In 1947 he was sentenced to nine years in a labor camp by a denazification tribunal. 1950 released from prison. Died 1953 in Cologne.

Dr. Gustav Krupp von Bohlen und Halbach (1870-1950)

Jurist und Diplomat, übernahm nach der Heirat mit Berta Krupp den Familiennamen. 1909-1943 Aufsichtsratsvorsitzender der Krupp-Werke. Seit 1933 bedingungsloser Nationalsozialist. Unter seiner Leitung beschäftigte der größte deutsche Rüstungsbetrieb mehr als 100.000 Fremdarbeiter und unterhielt in Auschwitz zeitweise eine Munitionsfabrik. Gustav Krupp wurde als Repräsentant der deutschen Schwer- und Rüstungsindustrie vor dem Internationalen Militärgerichtshof angeklagt. Am 15. November 1945, fünf Tage vor Verhandlungsbeginn wurde er für verhandlungsunfähig erklärt. 1950 in Salzburg gestorben.

Jurist and diplomat; adopted the family name after his marriage to Berta Krupp. 1909-1943 Chairman of the Board of Directors of Krupp Works. From 1933 unconditional Nazi supporter. Under his direction the biggest German armaments company employed more than 100,000 foreign workers and intermittently ran a munitions factory in Auschwitz. Gustav Krupp was indicted before the International Military Tribunal as a representative of German heavy industry and the armaments industry. On 15 November 1945, five days before the beginning of the trial, he was declared unfit to stand trial. Died 1950 in Salzburg.

Die Reichsregierung Zu den angeklagten Organisationen gehörte die seit dem 30. Januar 1933 amtierende Reichsregierung. Ihren einzelnen Ministern wurde vorgeworfen für die Politik des NS-Regimes verantwortlich gewesen zu sein. Der Internationale Militärgerichtshof in Nürnberg sprach die Reichsregierung frei, da sie nach 1937 nicht mehr zusammengetreten war und nur noch auf dem Papier fortbestanden hatte.

Angehörige der Reichsregierung während eines Staatsakts für die »Helden« des Weltkrieges vor dem Ehrenmal Unter den Linden, undatiert. *Von rechts:* Reichsarbeitsminister Franz Seldte, Reichspropagandaminister Dr. Joseph Goebbels, Reichsaußenminister Konstantin von Neurath, Vizekanzler Franz von Papen, Reichsfinanzminister Graf Johann Schwerin von Krosigk, Reichsinnenminister Dr. Wilhelm Frick (in Uniform) sowie Polizeigeneral Kurt Daluege (in Uniform).

Members of the Reich government during a state ceremony for the "Heroes of the World War" in front of the memorial at Unter den Linden, no date. From right: Reich Minister of Labor Franz Seldte, Reich Propaganda Minister Dr. Joseph Goebbels, Reich Foreign Minister Konstantin von Neurath, Vice-Chancellor Franz von Papen, Reich Finance Minister Count Johann Schwerin von Krosigk, Reich Interior Minister Dr. Wilhelm Frick (in uniform) and Police General Kurt Daluege (in uniform).

The Reich Cabinet Among the indicted organizations was the Reich Cabinet which was in office from 30 January 1933. Its individual ministers were accused of responsibility for the policies of the Nazi regime. The International Military Tribunal in Nuremberg acquitted the Reich Cabinet because it had not reconvened after 1937 and had only existed subsequently on paper.

Das Führerkorps der NSDAP Das NS-Führerkorps umfaßte Personen, die die Funktion des »politischen Leiters« ausübten. Dazu gehörten Hitler, die Reichsleitung der NSDAP, die Gauleiter sowie die Kreisleiter. Das NS-Führerkorps sollte die politischen Ziele der NSDAP durchsetzen, verbreiten und die politische Haltung des Volkes überwachen. Vor dem Internationalen Militärgerichtshof in Nürnberg wurde das Führerkorps wegen Beteiligung an der »Germanisierung« der besetzten Gebiete, der Verfolgung der Juden, des Einsatzes von Zwangsarbeitern und der Mißhandlung von Kriegsgefangenen angeklagt. Am 30. September 1946 wurde das NS-Führerkorps für schuldig befunden und zur verbrecherischen Organisation erklärt.

Angehörige des NS-Führerkorps beim Gedenkmarsch anläßlich des 9. November, aufgenommen am 9. November 1938 in München. In der ersten Reihe mit Adolf Hitler (Mitte) marschieren unter anderem Adolf Hühnlein, Hermann Göring, Max Amann, Heinrich Himmler und Wilhelm Frick. In der zweiten Reihe sind Alfred Rosenberg, Philipp Bouhler, Fritz Sauckel und Rudolf Heß zu erkennen.

Members of the Nazi Leadership Corps at a march to mark 9 November, photographed on 9 November 1938 in Munich. Among the marchers in the front row with Adolf Hitler (center) are Adolf Hühnlein, Hermann Göring, Max Amann, Heinrich Himmler and Wilhelm Frick. In the second row Alfred Rosenberg, Philipp Bouhler, Fritz Sauckel and Rudolf Heß can be seen.

The Leadership Corps of the Nazi Party The Nazi Leadership Corps consisted of persons who performed the function of "political leaders". These included Hitler, the national leadership of the Nazi Party (Reichsleitung), and at regional and local level the Gauleiter and Kreisleiter. The task of the Nazi leadership corps was to achieve and disseminate the political aims of the Nazi Party and to oversee the political attitude of the people. At the International Military Tribunal in Nuremberg the Leadership Corps was indicted for participation in the "Germanization" of the occupied territories, persecution of the Jews, deployment of forced laborers and maltreatment of prisoners of war. On 30 September 1946 the Nazi Leadership Corps was found guilty and declared a criminal organization.

Die Schutzstaffel (SS) und der Sicherheitsdienst (SD) Die SS gehörte zu den Gliederungen der NSDAP. Sie wurde 1923 als Leibwache Hitlers gegründet und der SA unterstellt. Die SS verstand sich als Elitetruppe. Sie wurde seit 1929 von Heinrich Himmler geführt und entwickelte sich schrittweise zum Hauptinstrument für die Ausübung von Terror und Massenmord. Nach der Ausschaltung der SA am 30. Juni 1934, an der die SS maßgeblich beteiligt war, wurde sie zur »selbständigen Organisation« ernannt. In der Folge übernahm sie die Kontrolle über das Konzentrationslagerwesen. Darüber hinaus kam es zu einer Verzahnung von SS und Polizei. Ein allumfassendes Kontroll- und Beherrschungssystem wurde aufgebaut, das sich auch auf annektierte und nach Kriegsbeginn besetzte Länder erstreckte. Die SS war für die »Germanisierung« besetzter Gebiete und die Ermordung von Millionen Juden, Zigeunern und anderen Bevölkerungsgruppen verantwortlich.

1931 wurde innerhalb der SS ein eigener Nachrichtendienst eingerichtet, der Sicherheitsdienst (SD). Unter der Führung Reinhard Heydrichs wurde er 1934 alleiniger Abwehr- und Nachrichtendienst der nationalsozialistischen Bewegung. Zu seinen Aufgaben gehörten die Überwachung, Entlarvung und Verhaftung von Staats- und Parteifeinden sowie die Erstellung von Stimmungsberichten über die öffentliche Meinung. 1939 wurden SD, Gestapo und Kriminalpolizei zu einer einzigen Behörde, dem Reichssicherheitshauptamt (RSHA) zusammengeschlossen. Nach Kriegsausbruch war der SD auch an der Unterdrückung und Ermordung der Bevölkerung in den besetzten Gebieten und der Ermordung der europäischen Juden beteiligt. SS und SD wurden am 30. September 1946 vom Internationalen Militärgerichtshof in Nürnberg als verbrecherische Organisationen eingestuft.

SS Ärmelabzeichen, undatiert.

SS arm badge, no date.

The Schutzstaffel (SS) and the Security Service (SD)

The SS was one of the Nazi Party organizations. It was established in 1923 as Hitler's bodyguard and was subordinate to the Stormtroopers (SA). From 1929 the SS was led by Heinrich Himmler and developed step by step into the main instrument for carrying out acts of terror and mass murder. After the SA was excluded from power on 30 July 1934, an action in which the SS played a major role, theSS was declared an "independent organization" and assumed control of the concentration camp system. In addition, the SS and the police began to interlock. An all-embracing system of control and domination was built up, which extended to the annexed countries and the countries occupied after the beginning of the war. The SS was responsible for the "Germanization" of occupied territories and the murder of millions of Jews, Gypsies and other population groups.

In 1931 the SS set up its own internal intelligence service, the Security Service (SD). Under the leadership of Reinhard Heydrich, in 1934 it became the sole Nazi counter-espionage and intelligence service. Its tasks included surveillance, exposure and arrest of enemies of the state and the Party, and preparing reports on the state of public opinion. In 1939 the Security Service, Gestapo and Criminal Police were amalgamated into a single authority, the Reich Security Main Office (RSHA). After the beginning of the war the Security Service was also involved in the oppression and murder of the population in the occupied territories and the murder of the European Jews. On 30 September 1946 the International Military Tribunal in Nuremberg classified the SS and the Security Service as criminal organizations.

Die Geheime Staatspolizei (Gestapo) Die Gestapo ging 1933 aus der Preußischen Politischen Polizei hervor. Sie war zunächst in Preußen aktiv, später wurde ihre Zuständigkeit auf das gesamte Reichsgebiet ausgedehnt. Sie war das wichtigste staatliche Exekutivorgan der Nationalsozialisten bei Unterdrückungs- und Vernichtungsmaßnahmen. Ihr oblag die Bekämpfung politischer Gegner. Dazu bediente sie sich der sogenannten »Schutzhaft«, die ihr gestattete, Verdächtige ohne richterlichen Haftbefehl zu verhaften und ins Konzentrationslager einzuweisen. 1939 wurde die Gestapo mit der Kriminalpolizei und dem SD zum Reichssicherheitshauptamt (RSHA) zusammengeschlossen. Neben der Bekämpfung politischer Gegner war die Gestapo zusammen mit der SS an der Unterdrückung der Bevölkerung der besetzten Gebiete und an der Ermordung der Juden, Zigeuner, Homosexuellen und anderen »mißliebigen« Bevölkerungsgruppen beteiligt. Der Internationale Militärgerichtshof erklärte die Gestapo am 30. September 1946 zur verbrecherischen Organisation.

Briefkopf des Geheimen Staatspolizeiamtes in Berlin, ca. 1938.

Geheime Staatspolizei

Geheimes Staatspolizeiamt

Letterhead of the Secret State Police Office in Berlin, ca. 1938.

The Secret State Police (Gestapo) The Gestapo developed in 1933 out of the Prussian Political Police. At first it was active in Prussia, later its scope extended to the whole Reich territory. It was the most important state executive organ of the Nazis for oppression and murder. It was responsible for combating political opponents. To this end it made use of so-called "protective custody", which allowed it to arrest suspects without a judge's warrant and commit them to concentration camps. In 1939 the Gestapo was amalgamated with the Criminal Police and Security Service to form the Reich Security Main Office (RSHA). Aside from fighting political opponents, the Gestapo also participated with the SS in oppressing the population of the occupied territories and murdering Jews, Gypsies, homosexuals and other "unpopular" groups within the population. On 30 September 1946 the International Military Tribunal declared the Gestapo a criminal organization.

Die Sturmabteilung (SA) Die SA entstand 1923 als Ordner- und Schlägertruppe der NSDAP. Sie sollte öffentliche Veranstaltungen der NSDAP schützen und die der Gegner sprengen. Sie entwickelte sich zu einem wichtigen Instrument der Partei bei der Eroberung und Festigung der innenpolitischen Macht und wurde auch zur Terrorisierung politischer Gegner eingesetzt. Ihr Führer Ernst Röhm baute die SA zur paramilitärischen Massenorganisation aus. Als Röhm die Kontrolle über die Armee übernehmen wollte, ließ Hitler die Führungsspitze der SA in der Nacht vom 30. Juni zum 1. Juli 1934 von Himmlers SS ermorden. In der Folge verlor die SA ihre Vormachtstellung zugunsten der SS. Sie blieb zwar bestehen, wurde jedoch stark reduziert und in ihren Aufgaben vor allem auf die vormilitärische Erziehung und verschiedene Hilfsfunktionen beschränkt. In der sogenannten »Reichskristallnacht« vom 8./9. November 1938 wurde die SA zum Sturm auf Synagogen, jüdische Geschäfte und Wohnungen eingesetzt.
Der Internationale Militärgerichtshof stufte die SA in seinem Urteil vom 30. September 1946 nicht als verbrecherische Organisation ein.

Fackelzug der SA durch das Brandenburger Tor, 30. Januar 1933.

SA torchlight procession through the Brandenburg Gate, 30 January 1933.

The Stormtroopers (SA) The SA was created in 1923 as the stewarding and brawling troop of the Nazi Party. Its role was to protect public events held by the Nazis and disrupt those held by their opponents. It developed into an important instrument for the Party in capturing and securing internal political power, and was also used to terrorize political opponents. Its leader, Ernst Röhm, built the SA into a paramilitary mass organization.
When Röhm wanted to take over control of the army, Hitler had the leading SA members murdered by Himmler's SS in the night of 30 June/1 July 1934. The SA subsequently lost its dominant position to the SS. It remained in existence, but was severely reduced and its tasks were confined primarily to pre-military education and various auxiliary functions. In the so-called "Reichskristallnacht" of 8/9 November 1938 the SA was deployed to storm synagogues and Jewish shops, businesses and homes.
In its judgment of 30 September 1946 the International Military Tribunal did not classify the SA as a criminal organization.

Der Generalstab und das Oberkommando der Wehrmacht (OKW)

Das OKW wurde 1938 gebildet, als Hitler nach dem Sturz der bisherigen Wehrmachtführung in der Blomberg-Fritsch-Krise die Befehlsgewalt über die gesamte Wehrmacht übernommen hatte. Das OKW unter der Leitung von Wilhelm Keitel fungierte als Hitlers persönlicher militärischer Stab und sollte die drei Wehrmachtsteile Heer, Luftwaffe und Marine koordinieren. Das OKW unterstützte Hitlers Kriegsziele. Einheiten der Wehrmacht waren an Massenmordaktionen vor allem in den besetzten Ostgebieten beteiligt. Die Wehrmacht war auch für Massentötungen sowjetischer Kriegsgefangener mitverantwortlich.
Der Internationale Militärgerichtshof stufte das OKW in seinem Urteil vom 30. September 1946 nicht als verbrecherische Gruppe ein.

Generalstabsbesprechung am Kartentisch, undatiert. *Von links:* Generalfeldmarschall Wilhelm Keitel, Generaloberst Walther von Brauchitsch, Adolf Hitler und Generaloberst Franz Halder.

General Staff discussion at the map table, no date. *From left:* Field Marshal Wilhelm Keitel, Colonel General Walther von Brauchitsch, Adolf Hitler and Colonel General Franz Halder.

The General Staff and the High Command of the German Armed Forces (OKW)

The High Command of the German Armed Forces was formed in 1938 when Hitler assumed command of the entire Armed Forces after the fall of the previous Armed Forces leadership in the Blomberg-Fritsch crisis. The High Command headed by Wilhelm Keitel operated as Hitler's personal military staff. Its task was to coordinate the three Armed Forces sections, the Army, the Air Force and the Navy. The High Command supported Hitler's war aims. Units of the Armed Forces were involved in mass murder actions, especially in the occupied territories in Eastern Europe. The Armed Forces were also responsible for mass killings of Soviet prisoners of war.
In its judgment of 30 September 1946 the International Military Tribunal did not classify the High Command of the German Armed Forces as a criminal group.

Einige Verteidiger vor einem Portal des Nürnberger Justizpalastes, Ende 1945.
Vordere Reihe, von links: Dr. Kubuschok (Verteidiger Papens), Dr. Servatius (Verteidiger Sauckels und der NSDAP), Dr. Sauter (Verteidiger Funks), Dr. Marx (Verteidiger Streichers)
Zweite Reihe, von links: Prof. Dr. Exner (Verteidiger Jodls), Dr. Seidl (Verteidiger Franks und Schirachs), Dr. Stahmer (Verteidiger Görings), Dr. Kraus (Verteidiger Schachts), Dr. Flaechsner (Verteidiger Speers).
Hintere Reihe, von links: Dr. Froeckmann (Verteidiger Ribbentrops), Dr. Fritz (Verteidiger Fritzsches), Dr. Pannenbecker (Verteidiger Fricks), Dr. Thoma (Verteidiger Rosenbergs), Dr. Kauffmann (Verteidiger Kaltenbrunners), Dr. Laternser (Verteidiger des OKW), Dr. Rohrscheidt (Verteidiger Heß'). Die Angeklagten durften ihre Verteidiger frei wählen.

Some defense lawyers in front of a portal of the Nuremberg Palace of Justice, end of 1945.
Front row, from left: Dr. Kubuschok (Papen's lawyer), Dr. Servatius (lawyer for Sauckel and for the Nazi Party), Dr. Sauter (Funk's lawyer), Dr. Marx (Streicher's lawyer).
Second row, from left: Prof. Dr. Exner (Jodl's lawyer), Dr. Seidl (lawyer for Frank and Schirach), Dr. Stahmer (Göring's lawyer), Dr. Kraus (Schacht's lawyer), Dr. Flaechsner (Speer's lawyer).
Back row, from left: Dr. Froeckmann (Ribbentrop's lawyer), Dr. Fritz (Fritzsche's lawyer), Dr. Pannenbecker (Frick's lawyer), Dr. Thoma (Rosenberg's lawyer), Dr. Kauffmann (Kaltenbrunner's lawyer), Dr. Laternser (lawyer for the High Command of the German Armed Forces), Dr. Rohrscheidt (Heß' lawyer). The defendants were free to choose their own defense lawyers.

Der Prozeß in Nürnberg
The Trial in Nuremberg

Blick auf den Gerichtssaal von der Pressetribüne aus, November 1945.
Die starke Deckenbeleuchtung war notwendig, da die Fensterfront mit blickdichten Vorhängen verhüllt war.

Die Sitzordnung im Saal 600 während des Hauptkriegsverbrecherprozesses.

Die Platzordnung im Saal 600 während des Hauptkriegsverbrecher-Prozesses

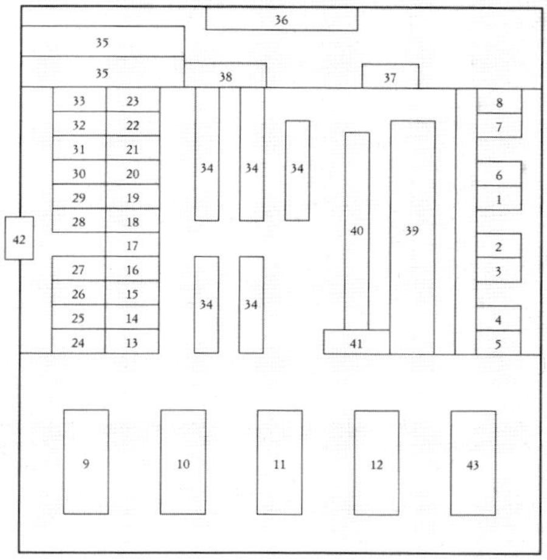

Das Gericht

1. Vorsitzender: Lordrichter Geoffrey Lawrence, Großbritannien
2. Francis A. Biddle, USA
3. John J. Parker, USA
4. Henri Donnedieu de Vabres, Frankreich
5. Robert Falco, Frankreich
6. Norman Birkett, Großbritannien
7. Iola T. Nikitschenko, UdSSR
8. Alexander F. Wolchkow, UdSSR

Anklage

9. Frankreich (Hauptankläger Champetier de Ribes)
10. UdSSR (Roman A. Rudenko)
11. USA (Robert H. Jackson)
12. Großbritannien (Sir Hartley Shawcross)

Angeklagte

13. Göring
14. Hess
15. Ribbentrop
16. Keitel
17. Kaltenbrunner
18. Rosenberg
19. Frank
20. Frick
21. Streicher
22. Funk
23. Schacht
24. Dönitz
25. Raeder
26. Schirach
27. Sauckel
28. Jodl
29. Papen
30. Seyß-Inquart
31. Speer
32. Neurath
33. Fritzsche

Verschiedenes

34. Deutsche Verteidiger
35. Dolmetscher
36. Filmleinwand
37. Zeugenstand
38. Gerichtsmarschall
39. Gerichtssekretäre
40. Stenographen
41. Pult für Ankläger und Verteidiger
42. Aufzug zum Gefängnis
43. Gerichtssekretäre

The seating arrangement in courtroom 600 during the trial of German major war criminals.

View of the courtroom from the press stand, November 1945.
The strong overhead lighting was necessary because the windows were covered with thick curtains.

Die Anklagebank, 1946.
Letzte Reihe, von links: Karl Dönitz, Erich Raeder, Baldur von Schirach, Fritz Sauckel, Alfred Jodl, Franz von Papen, Arthur Seyß-Inquart, Albert Speer, Konstantin von Neurath, Hans Fritzsche
Erste Reihe, von links: Hermann Göring, Rudolf Heß, Joachim von Ribbentrop, Wilhelm Keitel, Ernst Kaltenbrunner, Alfred Rosenberg, Hans Frank, Wilhelm Frick, Julius Streicher, Walther Funk, Hjalmar Schacht.

Am 20. November 1945 eröffnete der Vorsitzende Richter Lord Geoffrey Lawrence im Schwurgerichtssaal 600 des Nürnberger Gerichtspalastes die Hauptverhandlung mit der Verlesung der Anklageschrift. Drei der Angeklagten waren nicht anwesend: Robert Ley hatte am 25. Oktober 1945 Selbstmord begangen. Gustav Krupp von Bohlen und Halbach war wegen Krankheit für verhandlungsunfähig erklärt worden. Martin Bormann galt als verschollen. Gegen ihn wurde in Abwesenheit verhandelt. Alle anwesenden Angeklagten erklärten sich für nicht schuldig.

In den ersten 72 Verhandlungstagen bestimmte die Anklage das Geschehen und trug ihre Beweise vor. Dabei wurden die einzelnen Anklagepunkte detailliert zur Sprache gebracht. Die Anklagevertretung legte eine Vielzahl belastender Dokumente und eidesstattlicher Erklärungen vor und führte Zeugenanhörungen durch. Abschließend trugen die vier

The dock, 1946.
Back row, from left: Karl Dönitz, Erich Raeder, Baldur von Schirach, Fritz Sauckel, Alfred Jodl, Franz von Papen, Arthur Seyß-Inquart, Albert Speer, Konstantin von Neurath, Hans Fritzsche.
Front row, from left: Hermann Göring, Rudolf Heß, Joachim von Ribbentrop, Wilhelm Keitel, Ernst Kaltenbrunner, Alfred Rosenberg, Hans Frank, Wilhelm Frick, Julius Streicher, Walther Funk, Hjalmar Schacht.

On 20 November 1945 Court President Lord Geoffrey Lawrence opened the trial in courtroom 600 in the Nuremberg Palace of Justice with the reading out of the bill of indictment. Three of the defendants were not present. Robert Ley had committed suicide on 25 October 1945. Gustav Krupp von Bohlen und Halbach had been declared unfit to stand trial because of illness. Martin Bormann was presumed missing and was tried in absentia. All the defendants pleaded not guilty.

In the first 72 days of the trial the prosecution presented its evidence. First the individual charges were elaborated in detail. Then the prosecution representatives submitted a large number of incriminating documents and statutory declarations, and heard witnesses. Finally the four principal prosecutors presented the charges once again in more concentrated form. From March 1946 the defendants and their lawyers had the opportunity to comment on the charges.

Hauptankläger die Anklagepunkte noch einmal konzentriert vor. Ab März 1946 konnten die Angeklagten und ihre Verteidiger zu den Anklagepunkten Stellung nehmen.
Die letzte Phase des Prozesses begann am 4. Juli 1946 mit den Schlußplädoyers von Anklage und Verteidigung. Danach bekamen die Angeklagten am 31. August Gelegenheit zu ihrem »letzten Wort«.
Nach 218 Verhandlungstagen wurden am 30. September und 1. Oktober 1946 die Urteile verkündet.
Zwölfmal wurde die Todesstrafe ausgesprochen. Gegen sieben Angeklagte wurden Freiheitsstrafen verhängt. Dreimal erfolgten Freisprüche. Von den sechs angeklagten NS-Organisationen wurden das Führerkorps der NSDAP, die SS und der SD sowie die Gestapo zu verbrecherischen Organisationen erklärt.

Blick auf die Richterbank, Ende 1945.
Jede der vier Nationen stellte zwei Richter.
Von links: Alexander F. Wolchkow und Iola T. Nikitschenko (UdSSR), Norman Birkett und Sir Geoffrey Lawrence (Großbritannien), Francis A. Biddle und John J. Parker (USA) sowie Henri Donnedieu de Vabres und Robert Falco (Frankreich).
Vor der Richterbank saßen die Protokoll führenden Mitarbeiter des Gerichtssekretariats.

The last phase of the trial began on 4 July 1946 with the summing-up of the prosecution and defense. On 31 August the defendants had the "last word".
After 218 days of court proceedings the judgments were pronounced on 30 September and 1 October 1946.
The death penalty was pronounced in twelve cases, prison sentences were imposed in seven cases, and there were three acquittals. Of the six indicted Nazi organizations, the Leadership Corps of the Nazi Party, the SS and the Security Service and the Gestapo were declared criminal organizations.
In the early morning of 16 October 1946 ten of the twelve death sentences were carried out in the small gymnasium of Nuremberg Prison. Hermann Göring had committed suicide shortly before the execution; Martin Bormann had been sentenced to death in absentia.

View of the judges' bench, end of 1945.
Each of the four nations provided two judges. *From left,* Alexander F. Volchkov and Iola T. Nikitschenko (USSR); Norman Birkett and Sir Geoffrey Lawrence (Great Britain), Francis A. Biddle and John J. Parker (USA) and Henri Donnedieu de Vabres and Robert Falco (France).
In front of the judges' bench sat the court secretariat employees who were keeping the records.

In den frühen Morgenstunden des 16. Oktober 1946 wurden zehn der zwölf Todesurteile in der kleinen Turnhalle des Nürnberger Gefängnisses vollstreckt. Hermann Göring hatte kurz vor der Hinrichtung Selbstmord begangen, Martin Bormann war in Abwesenheit zum Tode verurteilt worden. Die Leichen der Hingerichteten wurden anschließend sofort im Krematorium des Münchener Ostfriedhofs verbrannt, ihre Asche in einen Nebenbach der Isar gestreut.

Die sieben zu Freiheitsstrafen Verurteilten wurden am 18. Juli 1947 in das Kriegsverbrechergefängnis Berlin-Spandau überführt. Sie waren die einzigen Insassen in diesem Gefängnis, das dem Alliierten Kontrollrat unterstellt war. Die Bewachung der Häftlinge übernahmen die vier alliierten Besatzungsmächte in monatlichem Wechsel. Seit 1966 war der zu lebenslanger Haft verurteilte Rudolf Heß der einzige Häftling in Spandau. Nach seinem Selbstmord im Jahr 1987 wurde das Gefängnis abgerissen.

Die Anklagebank, 1946. *Letzte Reihe, von links:* Karl Dönitz, Erich Raeder, Baldur von Schirach, Fritz Sauckel. *Erste Reihe, von links:* Hermann Göring, Rudolf Heß, Joachim von Ribbentrop, Wilhelm Keitel, Alfred Rosenberg. Zum Schutz der Augen vor der für die Filmkameras nötigen grellen Deckenbeleuchtung im Gerichtssaal wurden den Angeklagten Sonnenbrillen zur Verfügung gestellt.

The dock, 1946. *Back row, from left:* Karl Dönitz, Erich Raeder, Baldur von Schirach, Fritz Sauckel. *Front row, from left:* Hermann Göring, Rudolf Heß, Joachim von Ribbentrop, Wilhelm Keitel, Alfred Rosenberg. The defendants were provided with sunglasses to shield their eyes from the bright overhead lighting in the courtroom needed for the film cameras.

The bodies of the executed men were immediately cremated in the crematorium of Munich East Cemetery, and the ashes were strewn in a tributary stream of the River Isar.

The seven men sentenced to imprisonment were committed to the Prison for War Criminals in Berlin-Spandau on 18 July 1947. They were the only inmates of this prison, which was administered by the Allied Control Council. The four Allied occupying powers took responsibility for guarding the prisoners in monthly rotation. From 1966 the only prisoner in Spandau was Rudolf Heß, who was serving a life sentence. After his suicide in 1987 the prison was demolished.

Schuldbekenntnisse

VORSITZENDER: Ich rufe nunmehr die Angeklagten auf, um sich zu erklären, ob sie sich im Sinne der Anklage als schuldig oder nicht schuldig bekennen. Sie mögen der Reihe nach vor das Mikrophon in der Anklagebank treten.
Hermann Wilhelm Göring!
HERMANN WILHELM GÖRING: Bevor ich die Frage des Gerichtshofs beantworte, ob ich mich schuldig oder nicht schuldig bekenne...
VORSITZENDER: Ich habe dem Gerichtshof bekanntgegeben, daß die Angeklagten nicht das Recht haben, eine Erklärung abzugeben. Sie müssen sich schuldig oder nicht schuldig bekennen.
HERMANN GÖRING: Ich bekenne mich im Sinne der Anklage nicht schuldig.
VORSITZENDER: Rudolf Heß!
RUDOLF HESS: Nein.
VORSITZENDER: Dies wird als nicht schuldig protokolliert.
[Gelächter.]
VORSITZENDER: Wer die Gerichtsverhandlung stört, hat den Gerichtssaal zu verlassen.
Joachim von Ribbentrop!
JOACHIM VON RIBBENTROP: Ich bekenne mich im Sinne der Anklage für nicht schuldig.
VORSITZENDER: Wilhelm Keitel!
WILHELM KEITEL: Ich bekenne mich nicht schuldig.

The Pleas of the Defendants

THE PRESIDENT: I will now call upon the defendants to plead guilty or not guilty to the charges against them. They will proceed in turn to a point in the dock opposite to the microphone. Hermann Wilhelm Göring!
HERMANN GÖRING: Before I answer the question of the court whether or not I am guilty.
THE PRESIDENT: I inform the court that defendants were not entitled to make a statement. You must plead guilty or not guilty.
HERMANN GÖRING: I declare myself in the sence of the indictment not guilty.
THE PRESIDENT: Rudolf Heß!
RUDOLF HESS: No.
THE PRESIDENT: That will be entered as a plea of not guilty. [Laughter.] If there is any disturbance in Court, those who make it will have to leave the Court.
Joachim von Ribbentrop!
JOACHIM VON RIBBENTROP: I declare myself in the sense of the indictment not guilty.
THE PRESIDENT: Wilhelm Keitel!
WILHELM KEITEL: I declare myself not guilty.
THE PRESIDENT: In the absence of Ernst Kaltenbrunner, the trial will proceed against him, but he will have an opportunity of pleading when he is sufficiently well to be brought back into court.

VORSITZENDER: Das Verfahren gegen Ernst Kaltenbrunner wird in seiner Abwesenheit durchgeführt werden, doch wird er die Möglichkeit erhalten zu plädieren, wenn er sich soweit erholt hat, um in den Gerichtssaal zurückgebracht zu werden.
Alfred Rosenberg!
ALFRED ROSENBERG: Ich bekenne mich im Sinne der Anklage nicht für schuldig.
VORSITZENDER: Hans Frank!
HANS FRANK: Ich bekenne mich nicht für schuldig.
VORSITZENDER: Wilhelm Frick!
WILHELM FRICK: Nicht schuldig.
VORSITZENDER: Julius Streicher!
JULIUS STREICHER: Nicht schuldig.
VORSITZENDER: Walther Funk!
WALTHER FUNK: Ich bekenne mich nicht als schuldig.
VORSITZENDER: Hjalmar Schacht!
HJALMAR SCHACHT: Ich bin in keiner Weise schuldig.
VORSITZENDER: Karl Dönitz!
KARL DÖNITZ: Nicht schuldig.
VORSITZENDER: Erich Raeder!
ERICH RAEDER: Ich bekenne mich nicht schuldig.
VORSITZENDER: Baldur von Schirach!
BALDUR VON SCHIRACH: Ich bekenne mich im Sinne der Anklage als nicht schuldig.
VORSITZENDER: Fritz Sauckel!

Alfred Rosenberg!
ALFRED ROSENBERG: I declare myself in the sense of the indictment not guilty.
THE PRESIDENT: Hans Frank!
HANS FRANK: I declare myself not guilty.
THE PRESIDENT: Wilhelm Frick!
WILHELM FRICK: Not guilty.
THE PRESIDENT: Julius Streicher!
JULIUS STREICHER: Not guilty.
THE PRESIDENT: Walther Funk!
WALTHER FUNK: I declare myself not guilty.
THE PRESIDENT: Hjalmar Schacht!
HJALMAR SCHACHT: I am not guilty in any respect.
THE PRESIDENT: Karl Dönitz!
KARL DÖNITZ: Not guilty.
THE PRESIDENT: Erich Raeder!
ERICH RAEDER: I declare myself not guilty.
THE PRESIDENT: Baldur von Schirach!
BALDUR VON SCHIRACH: I declare myself in the sense of the indictment not guilty.
THE PRESIDENT: Fritz Sauckel!
FRITZ SAUCKEL: I declare myself in the sense of the indictment, before God and the world and particularly before my people, not guilty.

FRITZ SAUCKEL: Ich bekenne mich im Sinne der Anklage, vor Gott und der Welt und vor allem vor meinem Volk nicht schuldig.
VORSITZENDER: Alfred Jodl!
ALFRED JODL: Nicht schuldig. Was ich getan habe und auch tun mußte, kann ich reinen Gewissens vor Gott, vor der Geschichte und vor meinem Volke verantworten.
VORSITZENDER: Franz von Papen!
FRANZ VON PAPEN: Ich bekenne mich keinesfalls schuldig.
VORSITZENDER: Arthur Seyß-Inquart!
ARTHUR SEYSS-INQUART: Ich bekenne mich nicht schuldig.
VORSITZENDER: Albert Speer!
ALBERT SPEER: Nicht schuldig.
VORSITZENDER: Konstantin von Neurath!
KONSTANTIN VON NEURATH: Ich beantworte die Frage mit nein.
VORSITZENDER: Hans Fritzsche!
HANS FRITZSCHE: Dieser Anklage gegenüber nicht schuldig.

Die Schuldbekenntnisse der Angeklagten vom 21. November 1945. Der Prozeß gegen die Hauptkriegsverbrecher vor dem Internationalen Militärgerichtshof, Nürnberg 1947-1949, 42 Bde, Bd. 2, S.114-115.

THE PRESIDENT: Alfred Jodl!
ALFRED JODL: Not guilty. What I have done or had to do, I have a pure conscience for, before God, before history and my people.
THE PRESIDENT: Franz von Papen!
FRANZ VON PAPEN: I declare myself in no way guilty.
THE PRESIDENT: Arthur Seyß-Inquart!
ARTHUR SEYSS-INQUART: I declare myself not guilty.
THE PRESIDENT: Albert Speer!
ALBERT SPEER: Not guilty.
THE PRESIDENT: Konstantin von Neurath!
KONSTANTIN VON NEURATH: I answer the question in the negative.
THE PRESIDENT: Hans Fritzsche!
HANS FRITZSCHE: As regard this indictment, not guilty.

The pleas of the defendants to the charges against them, 21 November 1945.
The trial of German major war criminals. Proceedings of the International Military Tribunal sitting at Nuremberg, London 1946-1948, 23 Vols., Vol. I, p.48-49.

»Die Scheinwerfer an der Decke strahlen auf. Alle erheben sich wieder. Die Männer in der eingebauten Rundfunkbox beginnen fieberhaft zu arbeiten. Aus fünf hoch in den Wänden eingelassenen Fenstern beugen sich Photographen mit ihren Kameras vor. Die Pressezeichner nehmen ihre Skizzenblocks vor die Brust. Der Vorsitzende des Gerichts eröffnet die Sitzung. Dann erteilt er dem amerikanischen Hauptankläger das Wort. Die meisten Zuhörer setzen ihre Kopfhörer auf. Ein Schalter an jeder Stuhllehne ermöglicht es, die Anklage durch Dolmetscher im Saal sofort zu hören. Auch die Angeklagten bedienen sich des Kopfhörers. Amerikanische Soldaten sind ihnen behilflich. Und während so die Anklage, welche die Welt den zwanzig Männern entgegenschleudert, viersprachig durch die Drähte ins Ohr der einzelnen dringt, ist es im Saal selbst fast still. Die Stimme des Anklägers klingt, als sei sie weit weg. Die Dolmetscher murmeln hinter ihren gläsernen Verschlägen. Alle Augen sind auf die Angeklagten gerichtet (...). Jetzt sitzen also der Krieg, der Pogrom, der Menschenraub, der Mord en gros und die Folter auf der Anklagebank. Riesengroß und unsichtbar sitzen sie neben den angeklagten Menschen.«

Auszug aus einem Artikel von Erich Kästner, abgedruckt in
»Neue Zeitung«, Nr. 47, 23. November 1945.

»Es fehlen noch einige Minuten bis 10 Uhr, aber der Verhandlungssaal hat sich schon gefüllt. Zu den ersten in ihm gehören wie immer die Angeklagten, die einer nach dem anderen, jeweils begleitet von weißbehelmten Militärpolizisten, eintreffen und sich, je nachdem, wie ihre Beziehungen sind, mit Händeschütteln, Kopfnicken oder gar nicht begrüßen. Sie sitzen oder stehen lässig an die Barriere gelehnt. Göring und Heß haben ihre Decken

"The spotlights on the ceiling shine out. Everybody stands up again. The men in the built-in radio box start working feverishly. Photographers bend forward with their cameras out of five windows inserted high up in the walls. The press artists hold their sketchbooks at the ready. The president of the court opens the session. Then he gives the American principal prosecutor leave to speak. Most of the listeners put on their headphones. A switch in the back of each seat allows them to hear the indictment immediately through interpreters in the courtroom. The defendants also use headphones. American soldiers help them. And while the indictment which catapults towards the world of the twenty men penetrates through the wires into the ear of each individual man in four languages, in the courtroom itself it is almost silent. The voice of the prosecutor sounds far away. The interpreters murmur inside their glass cabins. All eyes are turned to the defendants (...). Now the war, the pogrom, the human robbery, the murder en gros and the torture are sitting in the dock. Enormous and invisible, they are sitting next to the indicted men."

Excerpt from an article by Erich Kästner, published in
"Neue Zeitung", no. 47, 23 November 1945.

"There are still a few minutes to go until 10 a.m., but the courtroom is already full. Among the first to arrive, as always, are the defendants, one after another, each escorted by white-helmeted military policemen. Depending on their relationships they greet each other with handshakes, nods, or not at all. They sit or stand leaning casually against the barrier. Göring and Heß have wrapped themselves in their blankets; Göring leans back in his corner seat, condescendingly watching the bustling of the 'ordinary people' sitting in the dock with

um sich gewickelt; Göring lehnt sich in seinem Ecksitz zurück, beobachtet herablassend das Treiben der »kleinen Leute«, die mit ihm auf der Anklagebank sitzen und macht mitunter eine allgemeine Beachtung findende Bemerkung. Um Speer hat sich eine kleine Gruppe gebildet, etwas wird dort erzählt, das Gelächter hervorruft. Die beiden Admirale unterhalten sich etwas steif und förmlich miteinander. Jodl beugt sich aus der zweiten Reihe vor und spricht mit seinem Anwalt, Heß schaut mit vagem Blick ins Leere, nur Ribbentrop ist wie immer todernst und beschäftigt sich mit seinen Papieren. Herren vom französischen und amerikanischen Anklagetisch plaudern zusammen. Der Zeiger über der Bank der Angeklagten ist über die volle Stunde gerückt. Man hat die Plätze eingenommen. »The Court« ruft eine Stimme, alle Gespräche verstummen und jeder erhebt sich von seinem Sitz. Die acht Richter, zwei von jeder Nation, defilieren hinter den erhöhten Pulten gegenüber der Anklagebank an ihre Plätze. Ein neuer Verhandlungstag beginnt.«

Auszug aus der »Badischen Zeitung«, Nr. 28, 12. Juli 1946.

Linke Seite der Anklagebank, 1946.
Hinten, von links: Karl Dönitz, Erich Raeder, Baldur von Schirach, *Vorne, von links*: Hermann Göring, Rudolf Heß, Joachim von Ribbentrop, Wilhelm Keitel, Ernst Kaltenbrunner und Alfred Rosenberg.

Left side of the dock, 1946:
Back row, from left: Karl Dönitz, Erich Raeder, Baldur von Schirach; *front row, from left:* Hermann Göring, Rudolf Heß, Joachim von Ribbentrop, Wilhelm Keitel, Ernst Kaltenbrunner and Alfred Rosenberg.

him, and sometimes making a remark that attracts general attention. A small group has gathered around Speer, something is said there that rouses laughter. The two admirals talk to each other rather stiffly and formally. Jodl leans forward from the second row and talks to his lawyer, Heß stares into empty space, only Ribbentrop is as deadly serious as ever and busy with his papers. Gentlemen from the French and US prosecutors' table chat to each other. The hand of the clock over the dock has reached the full hour. People have taken their seats. 'The court', a voice calls, everybody falls silent and they all stand up from their seats. The eight judges, two from each nation, file in behind the raised desks opposite the dock and take their places. A new day of the trial has begun."

Extract from "Badische Zeitung", no.28, 12 July 1946.

Hermann Göring im Zeugenstand, März 1946.

Hermann Göring in the witness stand, March 1946.

Adolf Hitler und Hermann Göring während einer Unterredung in Carinhall, dem Landsitz und Jagdhaus Görings, 1935.

Adolf Hitler and Hermann Göring in conversation at Carinhall, Göring's country residence and hunting lodge, 1935.

ROBERT H. JACKSON: (...) Schutzhaft bedeutete, daß Sie auch Leute in Gewahrsam nahmen, die noch kein Verbrechen begangen hatten, von welchen Sie jedoch annahmen, daß sie möglicherweise ein Verbrechen begehen konnten?
GÖRING: Jawohl. Es sind Leute verhaftet worden, in Schutzhaft, die noch kein Verbrechen begangen haben, von denen aber man es erwarten konnte, wenn sie in Freiheit blieben, genau so, wie umfangreiche Schutzhaftmaßnahmen in ungeheurem Ausmaß heute in Deutschland auch stattfinden.

Auszug aus der Vernehmung Hermann Görings durch Robert H. Jackson, vom 18. März 1946.
Der Prozeß gegen die Hauptkriegsverbrecher, Bd.9, S.469.

GENERAL RUDENKO: Können Sie mir dann sagen, wer war Hitlers engster Mitarbeiter auf dem Gebiet der Luftwaffe?
GÖRING: Selbstverständlich ich.
GENERAL RUDENKO: Und in den Wirtschaftsfragen?
GÖRING: In den Wirtschaftsfragen war ich es auch
GENERAL RUDENKO: Und in politischen Fragen?
GÖRING: Das war verschieden, welche Fragen zur Diskussion standen, und wie weit der Führer hier jemanden zur Beratung oder zur Erörterung herangezogen hat.
GENERAL RUDENKO: Wen von solchen engen Mitarbeitern können Sie mir beim Namen nennen?
GÖRING: Engerer Mitarbeiter des Führers, das habe ich schon gesagt, war in erster Linie ich.

Auszug aus der Vernehmung Hermann Görings durch General Roman A. Rudenko, vom 21. März 1946.
Der Prozeß gegen die Hauptkriegsverbrecher, Bd.9, S.684.

ROBERT H. JACKSON: (...) Protective custody meant that you were taking people into custody who had not committed any crime but who, you thought, might possibly commit a crime?
GÖRING: Yes. People were arrested and taken into protective custody who had not yet committed any crime, but who could be expected to do so if they remained free, just as similar protective measures are being taken in Germany today on a tremendous scale.

Extract from the examination of Hermann Göring by Robert H. Jackson, 18 March 1946.
The trial of German major war criminals, Vol. XI, p.188.

GENERAL RUDENKO: Will you tell me, then, who were these close assistants and associates of Hitler as far as the Air Force was concerned?
GÖRING: I was, of course.
GENERAL RUDENKO: And on the questions of economics?
GÖRING: In economic matters, it was I.
GENERAL RUDENKO: And on political matters?
GÖRING: It depended on what question came up for discussion and on whether the Führer had consulted anybody or asked his opinion.
GENERAL RUDENKO: Can you tell me who were these close assistants and associates?
GÖRING: The closest associate for the Führer, as I said before, was I, myself.

Extract from the examination of Hermann Göring by General Roman A. Rudenko, 21 March 1946.
The trial of German major war criminals, Vol. I, p.48-49.

»Göring ist in seinem Element. Nach den langen peinigenden Monaten des Zuhörens und Schweigens kostet er jetzt jede Minute aus, die ihm zum Reden gegeben ist. Und man erkennt aus Formulierungen und der Anlage seiner Aussage, daß er das Nürnberger Gericht auch als Forum der Weltöffentlichkeit betrachtet. Seine Aussage ist weniger eine Verteidigung gegenüber einzelnen Punkten der Anklage als die Darlegung seiner Weltanschauung, seiner weltpolitischen Auffassung. Die Fragen des Verteidigers, die oberflächlich an das Beweismaterial der Anklage anknüpfen, sind für Göring gewissermaßen nur Stichworte in einem langen Vortrag über Nationalsozialismus, Führerstaat, Weltpolitik und die »legitimen« Kniffe und, wie Göring immer wieder betont, »universalen« Abgefeimtheiten staatsmännischer Kunst. Die ganze Persönlichkeit Görings ersteht in diesen Aussagen. Er ergeht sich lange und mit Wonne in der Erörterung seiner außenpolitischen Konzeption, wie er den Führer warnte vor dem vorzeitigen Angriff auf Rußland. Hier brüstet er sich mit der Rolle des großen Staatsmannes, der mitzureden hat bei den großen Entscheidungen über Krieg und Frieden, Leben und Tod von Millionen. Da nennt er sich mit Stolz den »Zweiten Mann im Staat«. Aber wenn es sich um solche Geringfügigkeiten wie den Mord an einigen Dutzend britischen kriegsgefangenen Fliegern dreht, da ist er eben nur der »zweite« Mann im Staat, da gilt das Führerprinzip, da lehnt er kurzerhand die Verantwortung ab.«

Sendetext des BBC-Korrespondenten Eberhard Schütz vom 15. März 1946. Abgedruckt in: Berichterstattung über den Nürnberger Prozeß gegen die Hauptkriegsverbrecher 1945/46, hrsg. von Ansgar Diller und Wolfgang Mühl-Benninghaus, Veröffentlichungen des Deutschen Rundfunkarchivs, Bd.5, Potsdam 1998, S.48.

"Göring is in his element. After the long tortuous months of listening and keeping silent, he relishes every minute given him to speak. And from his formulations and the tone of his statement, we can see that he regards the Nuremberg court as a forum for worldwide publicity. His statement is less a defense against individual counts of the indictment than the exposition of his world view, his global political conception. For Göring, the defense lawyer's questions, which refer superficially to the prosecution evidence, are in a way only catchwords in a long speech about National Socialism, the Führer state, world politics and the 'legitimate' tricks and, as Göring repeatedly emphasizes, 'universal' wiliness of the art of statesmanship. Göring's whole personality emerges in these statements. He expounds his foreign policy conception at length and with pleasure, how he warned the Führer against prematurely attacking Russia. Here he swaggers about his role as a great statesman who had a voice in the big decisions about war and peace, the life and death of millions. There he proudly calls himself "the second man in the state". But when it comes to such minor issues as the murder of a dozen British prisoner of war pilots, then he is only the "second" man in the state, the Führer principle holds sway and he unhesitatingly denies responsibility."

Text of a radio broadcast by BBC correspondent Eberhard Schütz from 15 March 1946. Published in: Berichterstattung über den Nürnberger Prozeß gegen die Hauptkriegsverbrecher 1945/46 (Reports on the Nuremberg Trial of German major war criminals 1945/46), ed. by Ansgar Diller and Wolfgang Mühl-Benninghaus, publications of the Deutsches Rundfunkarchiv, Vol. 5, Potsdam 1998, p.48.

Schreiben Hermann Görings an den Chef der Sicherheitspolizei und des SD Reinhard Heydrich vom 31. Juli 1941. Göring beauftragt den Chef der Sicherheitspolizei und des SD, Reinhard Heydrich mit der Vorbereitung der »Gesamtlösung der Judenfrage im deutschen Einflußgebiet in Europa.«

Der Reichsmarschall des Großdeutschen Reiches

Beauftragter für den Vierjahresplan

Vorsitzender des Ministerrats für die Reichsverteidigung

Berlin, den 31. 7.1941

16

An den

Chef der Sicherheitspolizei und des SD
SS-Gruppenführer H e y d r i c h

B e r l i n.

Jn Ergänzung der Jhnen bereits mit Erlaß vom 24.I.39 übertragenen Aufgabe, die Judenfrage in Form der Auswanderung oder Evakuierung einer den Zeitverhältnissen entsprechend möglichst günstigsten Lösung zuzuführen, beauftrage ich Sie hiermit, alle erforderlichen Vorbereitungen in organisatorischer, sachlicher und materieller Hinsicht zu treffen für eine Gesamtlösung der Judenfrage im deutschen Einflußgebiet in Europa.

Soferne hierbei die Zuständigkeiten anderer Zentralinstanzen berührt werden, sind diese zu beteiligen.

Jch beauftrage Sie weiter, mir in Bälde einen Gesamtentwurf über die organisatorischen, sachlichen und materiellen Vorausmaßnahmen zur Durchführung der angestrebten Endlösung der Judenfrage vorzulegen.

Göring

Letter from Hermann Göring to Reinhard Heydrich, dated 31 July 1941. Göring commissioned the Chief of the Security Police and Security Service, Reinhard Heydrich, to prepare the "total solution of the Jewish question in the German area of influence in Europe".

HESS: (...) Es war mir vergönnt, viele Jahre meines Lebens unter dem größten Sohne zu wirken, den mein Volk in seiner tausendjährigen Geschichte hervorgebracht hat. Selbst wenn ich es könnte, wollte ich diese Zeit nicht auslöschen aus meinem Dasein.
Ich bin glücklich, zu wissen, daß ich meine Pflicht getan habe meinem Volk gegenüber, meine Pflicht als Deutscher, als Nationalsozialist, als treuer Gefolgsmann meines Führers. Ich bereue nichts.
Stünde ich wieder am Anfang, würde ich wieder handeln wie ich handelte, auch wenn ich wüßte, daß am Ende ein Scheiterhaufen für meinen Flammentod brennt.

Auszug aus dem Schlußwort von Rudolf Heß, 31. August 1946.
Der Prozeß gegen die Hauptkriegsverbrecher, Bd. 22, S.425.

Rudolf Heß während seines Schlußwortes, 31. August 1946.

Rudolf Hess

Rudolf Heß during his final statement, 31 August 1946.

HESS:(...) I was permitted to work for many years of my life under the greatest son whom my people has brought forth in its thousand-year history. Even if I could, I would not want to erase this period of time from my existence. I am happy to know that I have done my duty to my people, my duty as a German, as a National Socialist, as a loyal follower of my Führer. I do not regret anything.
If I were to begin all over again, I would act just as I have acted, even if I knew that in the end I should meet a fiery death at the stake.

Extract from the final statement of Rudolf Heß, 31 August 1946.
Trial of the major war criminals, Vol. XXII, p.373.

DR. HORN: Wann flogen Sie nach Moskau, und welche Verhandlungen haben Sie dort geführt?
VON RIBBENTROP: Ich bin am 22. August abends in Moskau angekommen. Der mir dort von Stalin und Molotow zuteil gewordene Empfang war sehr freundlich. Wir hatten zunächst eine zweistündige Besprechung. In dieser Besprechung wurde der Gesamtkomplex der deutsch-russischen Beziehungen besprochen.
Das Resultat war erstens der beiderseitige Wille, in beiden Ländern die Beziehungen auf eine völlig neue Basis zu stellen. Dies sollte zum Ausdruck kommen in einem Nichtangriffspakt. Zweitens sollten die Interessensphären der beiden Länder abgegrenzt werden, was ebenfalls geschah, und zwar durch ein geheimes Zusatzprotokoll.

Auszug aus der Vernehmung Joachim von Ribbentrops durch seinen Verteidiger Martin Horn vom 29. März 1946. Der Prozeß gegen die Hauptkriegsverbrecher, Bd. 10, S.303.

Joachim von Ribbentrop im Zeugenstand, 2. April 1946.
Auf der Karte im Hintergrund sind die Standorte der Konzentrationslager vermerkt.

Joachim von Ribbentrop

Joachim von Ribbentrop in the witness stand, 2 April 1946.
The sites of the concentration camps are marked on the map in the background.

DR. HORN: When did you fly to Moscow, and what negotiations did you carry on there?
VON RIBBENTROP: On the evening of 22 August I arrived in Moscow. The reception given me by Stalin and Molotov was very friendly. We had at first a 2-hour conversation. During this conversation the entire complex of Russo-German relations was discussed. The result was, first, the mutual will of both countries to put their relations on a completely new basis. This was to be expressed in a pact of non-aggression. Secondly, the spheres of interests of the two countries were to be defined; this was done by a secret supplementary protocol.

Extract from the examination of Joachim von Ribbentrop by his defense lawyer Martin Horn, 29. März 1946. Trial of the major war criminals, Vol. X, p.267.

Geheimes Zusatzprotokoll zum Hitler-Stalin-Pakt,
23. August 1939.

Geheimes Zusatzprotokoll.

Aus Anlass der Unterzeichnung des Nichtangriffsvertrages zwischen dem Deutschen Reich und der Union der Sozialistischen Sowjetrepubliken haben die unterzeichneten Bevollmächtigten der beiden Teile in streng vertraulicher Aussprache die Frage der Abgrenzung der beiderseitigen Interessenssphären in Osteuropa erörtert. Diese Aussprache hat zu folgendem Ergebnis geführt:

1. Für den Fall einer territorial-politischen Umgestaltung in den zu den baltischen Staaten (Finnland, Estland, Lettland, Litauen) gehörenden Gebieten bildet die nördliche Grenze Litauens zugleich die Grenze der Interessenssphären Deutschlands und der UdSSR. Hierbei wird das Interesse Litauens am Wilnaer Gebiet beiderseits anerkannt.

2. Für den Fall einer territorial-politischen Umgestaltung der zum polnischen Staate gehörenden Gebiete werden die Interessensphären Deutschlands und der UdSSR ungefähr durch die Linie der Flüsse Narew, Weichsel und San abgegrenzt.

Die Frage, ob die beiderseitigen Interessen die

Erh…

ersc…

kann…

\- 2 -

3. Касательно юго-востока Европы с советской сторон…
черкивается интерес СССР к Бессарабии. С германской сто…
заявляется о ее полной политической незаинтересованности…
этих областях.

4. Этот протокол будет сохраняться обоими сторонами в …
гом секрете.

По уполномочию
Правительства СССР
В. Молотов

Москва, 23 августа 1939 года.

За Правительство
Германии
Риббентроп

Entwickelung geklärt werden.

In jedem Falle werden beide Regierungen diese Frage im Wege einer freundschaftlichen Verständigung lösen.

3) Hinsichtlich des Südostens Europas wird von sowjetischer Seite das Interesse an Bessarabien betont. Von deutscher Seite wird das völlige politische Desinteressement an diesen Gebieten erklärt.

4) Dieses Protokoll wird von beiden Seiten streng geheim behandelt werden.

Moskau, den 23. August 1939.

Für die
Deutsche Reichsregierung:
Ribbentrop

In Vollmacht
der Regierung d.
UdSSR:
W. Molotow

…может быть око…
…политического развития.
…равительства будут решать этот
…ого обоюдного согласия.

Secret Supplementary Protocol to the Hitler-Stalin Pac…
23 August 1939.

In the document, signed in Moscow by German Foreign Minister Joachim von Ribbentrop and his Soviet colleag… Vyacheslav Molotov, Germany and the Soviet Union de… cated their spheres of interest and created the basis for… division of Poland in case of war.

DR. SEIDL: Wurde die Demarkationslinie in diesem Geheimen Vertrag lediglich mit Worten beschrieben oder wurde sie auf einer dem Vertrag beigefügten Karte eingezeichnet?
VON RIBBENTROP: Die Demarkationslinie wurde auf einer Karte in großen Zügen eingezeichnet. Sie verlief entlang der Flüsse Rysia, Bug, Narew, San. An diese Flüsse entsinne ich mich. Das war die Demarkationslinie, die eingehalten werden sollte, im Falle es zum kriegerischen Konflikt mit Polen kam.

Auszug aus der Vernehmung Joachim von Ribbentrops durch den Verteidiger von Rudolf Heß, Alfred Seidl vom 1. April 1946. Der Prozeß gegen die Hauptkriegsverbrecher, Bd. 10, S.356.

Außenminister Joachim von Ribbentrop unterzeichnet am 23. August 1939 in Moskau den Hitler-Stalin-Pakt.

Foreign Minister Joachim von Ribbentrop signing the Hitler-Stalin Pact on 23 August 1939 in Moscow.

DR. SEIDL: Was the demarcation line in this secret agreement described merely in writing or was it drawn on a map attached to the agreement?
VON RIBBENTROP: The line of demarcation was roughly drawn on a map. It ran along the Rivers Rysia, Bug, Narew, and San. These rivers I remember. That was the line of demarcation that was to be adhered to in case of an armed conflict with Poland.

Extract from the examination of Joachim von Ribbentrop by Rudolf Heß's defense lawyer Alfred Seidl, 1 April 1946. Trial of the major war criminals, Vol. X, p.314.

Wilhelm Keitel im Gespräch mit Fritz Sauckel während einer Verhandlungspause, 1946.

Wilhelm Keitel talking to Fritz Sauckel during a court recess, 1946.

Wilhelm Keitel *(rechts)* mit Adolf Hitler *(links)* und Alfred Jodl *(Mitte)* während einer Lagebesprechung im Führerhauptquartier »Wolfsschanze«, nach 1939.

Wilhelm Keitel *(right)* with Adolf Hitler *(left)* and Alfred Jodl *(center)* at a discussion of the situation, in the Führer's headquarters "Wolfsschanze", after 1939.

KEITEL: (...) Aber woran ich nicht gedacht habe, das war, gegen das Staatsoberhaupt und den Obersten Befehlshaber der Wehrmacht zu revoltieren oder ihm den Gehorsam zu versagen. Für mich als Soldat ist die Treue ein unantastbarer Begriff, man mag mir Irrtum und Irren, man mag mir falsches Handeln und man mag mir auch Schwäche gegenüber dem Führer Adolf Hitler zum Vorwurf machen, man soll mir aber nicht nachsagen, daß ich feige war, daß ich unwahrhaftig war, und daß ich treulos war. Das ist das, was ich hierzu zu bekennen habe.

Auszug aus dem Schlußwort Wilhelm Keitels vom 8. April 1946.
Der Prozeß gegen die Hauptkriegsverbrecher, Bd. 10, S.35f.

Der Zeitungsartikel berichtet, Keitel habe während seines Verhörs zugeben müssen, daß die Befehle, die er weitergab »verbrecherische Befehle waren«.

Keitel liess sich von Hitler überzeugen

13. April 1946

Eingeständnis in Nürnberg

KEITEL MACHTE gestern im Nürnberger Prozess das Eingeständnis, dass er sich des Verbrecherischen der von ihm gezeichneten Befehle bewusst war. Der USA-Ankläger Thomas Dodd hatte ihn gefragt:

„Sie haben hier immer betont, dass Sie ein alter Berufssoldat sind. Sie legten Wert darauf, festzustellen, dass Sie in einer militärischen Tradition gross geworden sind. Wussten Sie, dass die Befehle, die, wie Sie sagen, von Hitler stammen, die so Entsetzliches angerichtet und die Sie weitergegeben haben, verbrecherische Befehle waren?"

Keitel antwortete mit einem leisen: „Ja, ich wusste es."

KEITEL: (...) But never did it enter my mind to revolt against the head of the State and the Supreme Commander of the Armed Forces or refuse him obedience. As far as I am concerned as a soldier, loyalty is sacred to me. I may be accused of having made mistakes, and also of having shown weakness in face of the Führer, Adolf Hitler, but never can it be said that I was cowardly, dishonourable or faithless. This is what I had to say.

Extract from the final statement of Wilhelm Keitel, 8 April 1946.
The trial of German major war criminals, Vol. XI, p.109.

The article informs that during his examination Keitel had to admit that the orders he passed on "were criminal orders".

Ernst Kaltenbrunner im Zeugenstand, 1946.

Ernst Kaltenbrunner in the witness stand, 1946.

Ernst Kaltenbrunner

Ernst Kaltenbrunner *(rechts)* und Heinrich Himmler *(links)* zusammen mit dem Kommandanten des Konzentrationslagers (KZ) Mauthausen Ziereis während einer Besichtigung des KZ, um 1941.

Ernst Kaltenbrunner *(right)* and Heinrich Himmler *(left)* with the commandant of Mauthausen concentration camp Ziereis during an inspection of the concentration camp, ca. 1941.

KALTENBRUNNER: (...) Ich habe niemals eine Gaskammer, auch nicht in Funktion, gesehen. Ich wußte von dem Bestehen einer solchen in Mauthausen niemals etwas. Eine diesbezügliche Bekundung ist restlos falsch. Ich habe das Haftlager in Mauthausen, also das eigentliche Konzentrationslager, überhaupt niemals betreten.
Ich bin in Mauthausen gewesen, aber nicht in diesem Haftlager, sondern im Arbeitslager. Der gesamte Komplex, soweit er mir heute in Erinnerung ist, erstreckt sich über ein Gelände von sechs Kilometern. Innerhalb dieser sechs Kilometer ist ein Raum von vielleicht fünf oder viereinhalb Kilometern Arbeitsstätten. Hier handelte es sich um die größten Granitsteinbrüche, die in Österreich vorkommen, und die im Eigentum der Stadtgemeinde Wien gestanden haben.
DR. KAUFFMANN: Es wird hier ein Bild gezeigt, auf dem Sie mit Himmler und Ziereis abgebildet sind?
KALTENBRUNNER: Darauf wollte ich eben zu sprechen kommen. Diese Steinbrüche gehörten der Stadtgemeinde Wien. Die Stadtgemeinde Wien hat ein wichtigstes Interesse daran gehabt, von dem Granitbezug für das gesamte Straßenpflaster Wiens nicht ausgeschlossen zu werden. Nun ist auf Grund des Reichsleistungsgesetzes, wie ich später wußte, durch das Wirtschafts- und Verwaltungshauptamt, Pohl, dieser große Steinbruch aus dem Eigentum der Gemeinde Wien enteignet worden, und Wien ist durch längere Zeit hindurch von jedem Granitbezug ausgeschlossen gewesen. Nun hat sich die Stadtgemeinde an mich gewandt, ich soll bei Himmler dagegen vorstellig werden. Und so ist es gekommen, daß bei einer Besichtigungsreise Himmlers in Süddeutschland dieser auch Österreich und Mauthausen berührt hat und mich hinbestellte, und so ist es gekommen, daß ich mit Himmler in diesem Steinbruch gewesen bin.

Auszug aus der Vernehmung Ernst Kaltenbrunners durch seinen Verteidiger Dr. Kurt Kauffmann vom 11. April 1946. Der Prozeß gegen die Hauptkriegsverbrecher, Bd.11, S.301.

KALTENBRUNNER: (...) I never saw a gas chamber, either in operation or at any other time. I did not know that they existed at Mauthausen and testimony to that effect is entirely wrong. I never set foot in the detention camp at Mauthausen. I was at Mauthausen, but in the labour camp, not in the detention camp, that is the concentration camp proper. The total complex of Mauthausen, as I remember it today, extends over an area of six kilometres. Within this area there is a space of perhaps four and a half or five kilometres of labour camps. There are the largest granite quarries in Austria, and they were owned by the city of Vienna.
DR. KAUFFMANN: A picture has been shown in which you appear together with Himmler and Ziereis.
KALTENBRUNNER: I was just coming to that. The quarries belonged to the city of Vienna, the city of Vienna had a vital interest in not being excluded from the deliveries of granite which they used for paving the streets. Now according to a Reich law, as I learned later, this large quarry was expropriated from the city of Vienna by the WVHA, Pohl, and the city of Vienna was excluded from the supply of granite for a considerable time; I was asked to approach Himmler on the matter. It happened that Himmler was visiting and inspecting Southern Germany and decided to visit Austria and Mauthausen and asked me to see him there. In that way, it came about that I was with Himmler at this quarry.

Extract from the examination of Ernst Kaltenbrunner by his defense lawyer Dr. Kurt Kauffmann, 11 April 1946. The trial of German major war criminals, Vol. XI, p.266.

KALTENBRUNNER: (...) Ich weiß nur, daß ich meine ganze Kraft meinem Volk in meinem Glauben an Adolf Hitler zur Verfügung stellte. Ich konnte als deutscher Soldat nur in den Dienst der Abwehr jener zerstörenden Kräfte mich stellen, die Deutschland einst schon nahe an den Abgrund gebracht hatten und heute, nach dem Zusammenbruch des Reiches, weiterhin die Welt bedrohen. Wenn ich in meinem Wirken Irrtümer aus falschem Gehorsamsbegriff begangen habe, wenn ich Befehle, die alle – soweit sie hier als Kardinalbefehle angeklagt gewesen sind – vor meiner Zeit erlassen worden waren, ausgeführt habe, so liegen sie in einem mich mitreißenden mächtigeren Schicksal beschlossen.
Ich bin hier angeklagt, weil man für den fehlenden Himmler und andere mir vollkommen konträre Elemente Stellvertreterschaft braucht. Ob meine Haltung und Darstellung nun angenommen oder verworfen werden, ich bitte Sie, das Schicksal und die Ehre Hunderttausender gefallener und lebender Männer der Allgemeinen SS, der Waffen-SS und der Beamtenschaft, die bis zum letzten tapfer und ideal gläubig ihr Reich verteidigt haben, nicht mit Ihrem gerechten Fluche gegen Himmler zu verknüpfen. Sie meinten, so wie ich, nach Gesetz gehandelt zu haben.

Auszug aus dem Schlußwort von Ernst Kaltenbrunner vom 31. August 1946.
Der Prozeß gegen die Hauptkriegsverbrecher, Bd. 22, S.434.

KALTENBRUNNER: (...) I know only that in my belief in Adolf Hitler I put all my strength at the disposal of my people. As a German soldier I could only put myself at the service of the defence against those destructive forces which had once brought Germany close to the abyss, and which today, after the collapse of the Reich, are still threatening the world.
If I have made mistakes in my work through a false conception of obedience, if I carried out orders, all of which, insofar as they are alleged to be cardinal orders, were issued before my time of office, then they are part of a fate which is stronger than myself and which is carrying me along with it.
I am accused here because substitutes are needed for the missing Himmler and other elements which were completely contrary to me. Whether my point of view and explanation are accepted or rejected, I ask you not to connect the fate and honour of hundreds of thousands of the living and dead of the General SS, of the Waffen-SS, and of the civil servants who, believing in their ideal, bravely defended their Reich to the last, with your just curse against Himmler. Like myself, they believed that they were acting according to law.

Extract from the final statement of Ernst Kaltenbrunner, 31 August 1946.
The trial of German major war criminals, Vol. XXII, p.381.

MR. DODD: (...) Gut. Können Sie nun im Hinblick auf diese Zwangsarbeit ehrlich und aufrichtig behaupten, Ihr Ministerium sei für dieses furchtbare Programm der Verschleppung von Menschen von ihren Wohnstätten nach Deutschland nicht in bedeutendem Umfange verantwortlich gewesen, oder erklären Sie, für das Schicksal dieser Hunderttausende von Leuten aus den besetzten Ostgebieten ein hohes Maß der Verantwortung zu tragen?
ROSENBERG: Ich übernehme selbstverständlich die Verantwortung für jene Gesetze, die ich erlassen habe, und für jene Rahmenverordnungen, die von meinem Ministerium hinausgegangen sind. Für die Durchführung dieser Maßnahmen sind gesetzmäßig die territorialen Regierungen verantwortlich, und wo sie diese Maßnahmen überschritten haben, sie waren ja 1500 Kilometer von mir entfernt, habe ich mich um jedes Vorkommnis gekümmert. Es ist viel übertrieben gewesen, es sind auch Übergriffe vorgekommen und ich gebe zu, daß schreckliche Dinge geschehen sind.

Auszug aus der Vernehmung von Alfred Rosenberg durch den amerikanischen Ankläger Thomas Dodd vom 17. April 1946. Der Prozeß gegen die Hauptkriegsverbrecher, Bd. 11, S.588.

Alfred Rosenberg in seiner Zelle im Nürnberger Gerichtsgefängnis, 24. November 1945.

ALFRED ROSENBERG

Alfred Rosenberg in his cell in Nuremberg Court Prison, 24 November 1945.

MR DODD: (...) Very good. Now, finally, with respect to this forced labour, would you say as a matter of fairness and honesty that your Ministry was not very largely responsible for this terrible programme of forcing people from their homes into Germany, or do you say that you had to accept a very considerable responsibility for what happened to these hundreds of thousands of people from the Eastern occupied areas?
ROSENBERG: I, of course, will take the responsibility for these laws which I issued, and for any directives which were issued by my Ministry. The territorial governments were legally responsible for their practical execution. Where they exceeded these measures – they were 1500 km away from me – I concerned myself with every case. These excesses were exaggerated, but I must admit that terrible things did occur.

Extract from the examination of Alfred Rosenberg by US prosecutor Thomas Dodd, 17 April 1946. The trial of German major war criminals, Vol. XII, p.52.

Hans Frank
im Zeugenstand, 1946.

Hans Frank in the
witness stand, 1946.

Hans Frank

Hans Frank auf dem Weg
in den Gerichtssaal, 1946.

Hans Frank on the way to
the courtroom, 1946.

DR. SEIDL: (...) Haben Sie jemals irgendwie an der Vernichtung von Juden sich beteiligt?
FRANK: Ich sage 'ja'; und zwar sage ich deshalb 'ja', weil ich unter dem Eindruck dieser fünf Monate der Verhandlung und vor allem unter dem Eindruck der Aussage des Zeugen Höß es mit meinem Gewissen nicht verantworten könnte, die Verantwortung dafür allein auf diese kleinen Menschen abzuwälzen. Ich habe niemals ein Judenvernichtungslager eingerichtet oder ihr Bestehen gefordert; aber wenn Adolf Hitler persönlich diese furchtbare Verantwortung auf sein Volk gewälzt hat, dann trifft sie auch mich; denn wir haben den Kampf gegen das Judentum jahrelang geführt, und wir haben uns in Äußerungen ergangen – und mein Tagebuch ist mir selbst als Zeuge gegenübergetreten -, die furchtbar sind. Und ich habe daher nur die Pflicht, Ihre Frage in diesem Sinne und in diesem Zusammenhang mit 'ja' zu beantworten. Tausend Jahre werden vergehen und diese Schuld von Deutschland nicht wegnehmen.

Auszug aus der Vernehmung Hans Franks durch seinen Verteidiger Dr. Alfred Seidl, 18. April 1946.
Der Prozeß gegen die Hauptkriegsverbrecher, Bd.12, S.19.

Der Artikel betont die Verantwortung des ehemaligen Generalgouverneurs in Polen, Hans Frank, für das Leid der polnischen Bevölkerung.

Die Buchführung eines Henkers — 7. Feb. 1946

Frank macht „Hackefleisch"

Aus dem 43bändigen Tagebuch des „Generalgouverneurs"

Nürnberg, 10. Januar (SNB — Eigener Bericht). Der amerikanische Ankläger, Oberst Baldwin, beginnt in der heutigen Vormittagssitzung seine Beweisführung über die persönliche Schuld des Angeklagten Frank. Das Material, auf das er sich in der Hauptsache stützen kann, ist das 43bändige Tagebuch des Angeklagten, das seit 1939 von ihm geführt wurde. In der Art eines Protokolls ist jede wichtige Besprechung, jede bedeutende Korrespondenz in diesem Werk verzeichnet.

Frank war von 1920 bis zum Jahre 1939 der führende Nazijurist. Ab 1939 beginnt seine Laufbahn als Generalgouverneur für Polen.

Es kann keine Rede davon sein, daß Frank über die Vorgänge in seinem Verwaltungsbereich nicht informiert war, oder nicht die Macht gehabt hätte, auf diese Dinge Einfluß zu nehmen. Wenn er am 19. Dezember 1940 erklärte: „Der Pole muß fühlen, daß wir ihm nicht einen legalen Staat bauen, sondern daß es für ihn nur eine Pflicht gibt, nämlich zu arbeiten und brav zu sein", dann war das ebensosehr eine Richtlinie für seine kommende Arbeit, wie seine Aeußerung vom 28. Februar 1944 eine Billigung dessen war, was unter seiner Herrschaft in Polen geschah. Damals sagte er: „Eines Tages werden wir den Krieg gewonnen haben, dann kann aus den Polen und den Ukrainern und all den anderen, die hier herumrennen, Hackefleisch gemacht werden — es spielt keine Rolle, was geschieht."

Der Ankläger gibt ein anderes Dokument bekannt: Es handelt sich um ein Gutachten des Obermedizinalrates Dr. Walbaum vom 9. September 1941 über den Gesundheitszustand der polnischen Bevölkerung: „Untersuchungen, welche wir durchgeführt haben, bewiesen, daß die Mehrzahl der Polen nur etwa 600 Kalorien zu sich nehmen, wohingegen die normale Ration für ein menschliches Wesen 2200 Kalorien ist. Die polnische Bevölkerung war in einem solchen Ausmaße entkräftet, daß sie dem Fleckfieber zur leichten Beute wird."

Das alles aber hinderte Frank nicht, dem ausgeraubten Lande neue Lasten aufzuerlegen. Am 24. August 1942 berief er eine Kabinettssitzung in Krakau zusammen, in welcher er darlegte, daß die Ernährungslage in Deutschland kritisch sei und daher das Generalgouvernement helfend eingreifen müsse. „Bevor das deutsche Volk Entbehrungen auf sich nimmt, müssen die besetzten Länder und ihre Völker diese Entbehrungen ertragen. Das Generalgouvernement hat daher die Verpflichtung auf sich genommen, dem Vaterland 500 000 Tonnen Brotgetreide über das Quantum der schon gelieferten Nahrungsmittel hinaus zu senden. Die neue Forderung wird ausschließlich auf Kosten der fremdländischen Bevölkerung erfüllt werden. Sie muß kaltblütig und ohne Gnade erfüllt werden."

DR. SEIDL: (...) Did you ever participate in the annihilation of Jews?
FRANK: I say "yes"; and the reason why I say "yes" is because, having lived through the 5 months of this trial, and particularly after having heard the testimony of the witness Hoess, my conscience does not allow me to throw the responsibility solely on these minor people. I myself have never installed an extermination camp for Jews, or promoted the existence of such camps; but if Adolf Hitler personally has laid that dreadful responsibility on his people, then it is mine too, for we have fought against Jewry for years; and we have indulged in the most horrible utterances – my own diary bears witness against me. Therefore, it is no more than my duty to answer your question in this connection with "yes". A thousand years will pass and still this guilt of Germany will not have been erased.

Extract from the examination of Hans Frank by his defense lawyer Dr. Alfred Seidl, 18 April 1946.
Trial of the major war criminals, Vol. XII, p.13.

The article "Frank makes 'mincemeat'" makes it clear that the former Governor General in Poland, Hans Frank, was substantially responsible for the suffering of the Polish population. It quotes from Frank's diary: "(...) One day we will have won the war. Then mincemeat can be made out of the Poles and Ukrainians and all the others who run around here (...)."

FRICK: (...) Ich bin überzeugt, daß kein patriotischer Amerikaner oder Angehöriger eines anderen Landes in gleicher Lage seines Landes an meiner Stelle anders gehandelt hätte. (...)

Auszug aus dem Schlußwort Wilhelm Fricks, 31. August 1946.
Der Prozeß gegen die Hauptkriegsverbrecher, Bd. 22, S.438.

Wilhelm Frick (Mitte) während einer Verhandlungspause, 1946.

Wilhelm Frick (center) during a court recess, 1946.

Wilhelm Frick

FRICK: (...) I am convinced that no patriotic American or citizen of any other country would have acted differently in my place, if his country had been in the same position. (...)

Extract from the final statement of Wilhelm Frick, 31 August 1946.
Trial of the major war criminals, Vol. XXII, p.385.

RGBL 1933, Teil 1. Nr. 17, S.83.
Verordnung zum Schutz von Volk und Staat vom 28. Februar 1933.

Reichsgesetzblatt

83

Teil I

1933	Ausgegeben zu Berlin, den 28. Februar 1933	Nr. 17

Inhalt: Verordnung des Reichspräsidenten zum Schutz von Volk und Staat. Vom 28. Februar 1933. ...... S. 83

Verordnung des Reichspräsidenten zum Schutz von Volk und Staat. Vom 28. Februar 1933.

Auf Grund des Artikels 48 Abs. 2 der Reichsverfassung wird zur Abwehr kommunistischer staatsgefährdender Gewaltakte folgendes verordnet:

§ 1

Die Artikel 114, 115, 117, 118, 123, 124 und 153 der Verfassung des Deutschen Reichs werden bis auf weiteres außer Kraft gesetzt. Es sind daher Beschränkungen der persönlichen Freiheit, des Rechts der freien Meinungsäußerung, einschließlich der Pressefreiheit, des Vereins- und Versammlungsrechts, Eingriffe in das Brief-, Post-, Telegraphen- und Fernsprechgeheimnis, Anordnungen von Haussuchungen und von Beschlagnahmen sowie Beschränkungen des Eigentums auch außerhalb der sonst hierfür bestimmten gesetzlichen Grenzen zulässig.

§ 2

Werden in einem Lande die zur Wiederherstellung der öffentlichen Sicherheit und Ordnung nötigen Maßnahmen nicht getroffen, so kann die Reichsregierung insoweit die Befugnisse der obersten Landesbehörde vorübergehend wahrnehmen.

§ 3

Die Behörden der Länder und Gemeinden (Gemeindeverbände) haben den auf Grund des § 2 erlassenen Anordnungen der Reichsregierung im Rahmen ihrer Zuständigkeit Folge zu leisten.

§ 4

Wer den von den obersten Landesbehörden oder den ihnen nachgeordneten Behörden zur Durchführung dieser Verordnung erlassenen Anordnungen oder den von der Reichsregierung gemäß § 2 erlassenen Anordnungen zuwiderhandelt oder wer zu solcher Zuwiderhandlung auffordert oder anreizt, wird, soweit nicht die Tat nach anderen Vorschriften mit einer schwereren Strafe bedroht ist, mit Gefängnis nicht unter einem Monat oder mit Geldstrafe von 150 bis zu 15 000 Reichsmark bestraft.

Wer durch Zuwiderhandlung nach Abs. 1 eine gemeine Gefahr für Menschenleben herbeiführt, wird mit Zuchthaus, bei mildernden Umständen mit Gefängnis nicht unter sechs Monaten und, wenn die Zuwiderhandlung den Tod eines Menschen verursacht, mit dem Tode, bei mildernden Umständen mit Zuchthaus nicht unter zwei Jahren bestraft. Daneben kann auf Vermögenseinziehung erkannt werden.

Wer zu einer gemeingefährlichen Zuwiderhandlung (Abs. 2) auffordert oder anreizt, wird mit Zuchthaus, bei mildernden Umständen mit Gefängnis nicht unter drei Monaten bestraft.

§ 5

Mit dem Tode sind die Verbrechen zu bestrafen, die das Strafgesetzbuch in den §§ 81 (Hochverrat), 229 (Giftbeibringung), 307 (Brandstiftung), 311 (Explosion), 312 (Überschwemmung), 315 Abs. 2 (Beschädigung von Eisenbahnanlagen), 324 (gemeingefährliche Vergiftung) mit lebenslangem Zuchthaus bedroht.

Mit dem Tode oder, soweit nicht bisher eine schwerere Strafe angedroht ist, mit lebenslangem Zuchthaus oder mit Zuchthaus bis zu 15 Jahren wird bestraft:

1. Wer es unternimmt, den Reichspräsidenten oder ein Mitglied oder einen Kommissar der Reichsregierung oder einer Landesregierung zu töten oder wer zu einer solchen Tötung auffordert, sich erbietet, ein solches Erbieten annimmt oder eine solche Tötung mit einem anderen verabredet;
2. wer in den Fällen des § 115 Abs. 2 des Strafgesetzbuchs (schwerer Aufruhr) oder des § 125 Abs. 2 des Strafgesetzbuchs (schwerer Landfriedensbruch) die Tat mit Waffen oder in bewußtem und gewolltem Zusammenwirken mit einem Bewaffneten begeht;
3. wer eine Freiheitsberaubung (§ 239) des Strafgesetzbuchs in der Absicht begeht, sich des der Freiheit Beraubten als Geisel im politischen Kampfe zu bedienen.

§ 6

Diese Verordnung tritt mit dem Tage der Verkündung in Kraft.

Berlin, den 28. Februar 1933.

Der Reichspräsident
von Hindenburg

Der Reichskanzler
Adolf Hitler

Der Reichsminister des Innern
Frick

Der Reichsminister der Justiz
Dr. Gürtner

Statutory Regulation of 28 February 1933 on the Protection of People and State. The regulation, signed by Hitler and, among others, Reich Interior Minister Wilhelm Frick, curtailed basic civil rights. The right of free speech, postal secrecy and press freedom were abrogated and arrests were enabled outside the legal framework.

DR. MARX: (...) Herr Zeuge! Welchen Zweck verfolgten Sie mit Ihren Reden und Ihren Aufsätzen im »Stürmer«?

STREICHER: Meine Reden und meine Artikel, die ich schrieb, sollten die Öffentlichkeit über eine Frage aufklären, die mir als eine der wichtigsten Fragen erschienen war. Nicht aufhetzen und nicht aufreizen wollte ich, sondern aufklären.

Auszug aus der Vernehmung Julius Streichers durch seinen Verteidiger Dr. Marx vom 29. April 1946.
Der Prozeß gegen die Hauptkriegsverbrecher, Bd. 12, S.346.

Julius Streicher (Mitte) während der abendlichen Essensausgabe.
Auf dem Tisch steht amerikanisches Kochgeschirr, 1946.

Julius Streicher (center) during the serving of the evening meal.
On the table are American cooking pots, 1946.

DR.MARX: (...) Witness, what aims did you pursue with your speeches and your articles in "Der Stürmer"?

STREICHER: The speeches and articles which I wrote were meant to inform the public on a question which appeared to me one of the most important questions. I did not intend to agitate or inflame but to enlighten.

Extract from the examination of Julius Streicher by his defense lawyer Dr. Marx, 29 April 1946.
Trial of the major war criminals, Vol. XII, p.318.

Julius Streicher auf einer Kundgebung
für die Landbevölkerung
auf dem Hesselberg, undatiert.

›ie Titelseite von »Der Stürmer«, Nr. 52, vom Dezember 1933.

Der Stürmer

Deutsches Wochenblatt zum Kampfe um die Wahrheit

HERAUSGEBER : JULIUS STREICHER

ummer 52	Erscheint wöchentl. Einzel-Nr. 20 Pfg. Bezugspreis monatl. 84 Pfg. zuzügl. Postbestellgeld. Bestellungen bei dem Briefträger oder der zuständ. Postanstalt. Nachbestellungen a. d. Verlag. Schluß der Anzeigenannahme: Montag vorm. 9 Uhr. Preis f. Geschäfts-Anz.: Die ca. 20 mm breite, 1 mm hohe Raum-Zeile im Anzeigenteil —.20 RM	Nürnberg im Dezember 1933	Verlag: Wilhelm Härdel, Nürnberg-N, Pfannenschmiedsgasse 19. Fernsprecher 21 872. Postscheckkonto Nürnberg 105. Geschäftszeit: Montag mit Freitag 8–12, 2–6 Uhr, Samstag 8–12 Uhr. Schriftleitung: Nürnberg-A, Marplatz 44, Fernsprecher 21872. Redaktionsschluß: Montag (nachmittags)	11. Jahr 1933

Der getarnte Jud

Stürmer marschiert weiter

Jahre des Heils 1933 wurde in Deutschland udenherrschaft gebrochen. Sie wurde zerschla- m Frühlingssturm der nationalsozialistischen Re- on. Es ist nicht das erste Mal, daß ein Volk die herrschaft zerschlug. Aber die Siege, die in ngenen Jahrhunderten über das Zigeunervolk uden errungen wurden, waren nur Siege des nblickes gewesen. Immer wieder vermochte sich ähe jüdische Feind aus dem Staube zu erheben eine Macht von neuem aufzubauen. Die Völker- n, die im Laufe der Jahrtausende auf der Strecke n, beweisen die wieder verloren gegangenen über den für ewig erklärten Juden.

ch vor dem deutschen Volke der Gegenwart die entscheidungsvolle Frage: Soll der er- ene Sieg des Jahres 1933 in eine gültige Erlösung vom Juden hinein- en oder soll wieder einmal verloren n, was das deutsche Volk durch die onalsozialistische Bewegung sich er- ofte?

es ist sicher: der Jude weiß, daß er in deutschen n eine Niederlage erlitt, aber er hat die Hoff- auf die Zurückerringung der verlorenen Macht aufgegeben. Er wird diese Hoffnung immerzu n tragen. Auf doppeltem Wege glaubt er die kholung der Macht erreichen zu können. Von n her durch Organisierung der ehemaligen bundmächte zu einem neuen Weltkrieg und nnen heraus durch getarntes Abwarten, bis ergeßlichkeit im deutschen Volke wieder öglichkeit zu einer erneuten „Judenemanzipa- verschafft. Jawohl, der aus der Macht gewor- Jude wartet in Deutschland ab, ob nicht das

Der Kampf geht weiter

Wir legen nimmermehr das Schwert beiseit'
Sein oder Nichtsein endigt nur den Streit

Vergessen und das weiche deutsche Herz (wenn auch erst nach Jahrzehnten) dazu führen könnte, daß talmudische Schläue wieder die Oberhand gewinnt.

Das alterprobte Kämpfertum des Nationalsozialismus hat vom Schicksal die Aufgabe zugeteilt erhalten, nicht auf halbem Wege stehen zu bleiben. Kommende Staatsgesetze müssen dazu führen, daß die Scheidung vom Juden eine endgültige wird. Und im deutschen Volke muß das Wissen vom Volke der Juden von Generation zu Generation vererbt werden bis in die Jahrtausende hinein. Ein wissendes deutsches Volk wird sich nie in ein

s dem Inhalt

- Tschechischer Antisemitismus
- Jud Ludwig Meyer
- Der Kampf um die Wahrheit
- Augen auf
- Die Rassenschande von Osthofen
- Ihr Stolz

ie Juden sind unser Unglück!

nt page of the anti-Semitic weekly "Der Stürmer", no. 52, December 1933.

Julius Streicher at a rally for the rural population
on the Hesselberg, no date.

Walther Funk
im Zeugenstand, 1946.

Walther Funk in the
witness stand, 1946.

Walther Funk

Reichsbankpräsident Walther Funk *(2. v. rechts)* und Reichsminister Joseph Goebbels *(2. v. links)* in den Tresorräumen bei der Besichtigung von Goldbarren und anderen Wertgegenständen aus dem Besitz ermordeter Juden, undatiert. Neben Funk steht der Chef der Einsatzgruppe D, SS-Gruppenführer Otto Ohlendorf *(3. v. rechts)*.

President of the Reichsbank, Walther Funk *(2nd from right)*, and Reich Minister Joseph Goebbels *(2nd from left)* in the strong rooms, inspecting gold bars and other valuables from the property of murdered Jews, no date. Standing next to Funk is Chief of Special Unit D, SS Major General Otto Ohlendorf *(3rd from right)*.

DODD: (...) Ich habe Sie gestern gefragt und frage Sie jetzt wieder: Haben Sie schon irgendeinmal gehört, daß jemand seine Goldzähne in eine Bank gebracht hat, um sie sicherzustellen?
[Keine Antwort.]
DODD: Sie haben den Film gesehen, die Goldbrücken, die Gaumenplatten und die anderen Zahnarbeiten. Sicherlich hat niemand jemals so etwas in einer Bank deponiert, glauben Sie nicht?
FUNK: Was das Bild mit den Zähnen anbelangt, so ist hier natürlich ein besonderer Fall. Woher diese Zähne gekommen sind, weiß ich nicht, das hat man mir nicht berichtet, und was mit den Zähnen gemacht worden ist, weiß ich auch nicht. (...)
DODD: Nicht nur haben niemals Menschen Goldzähne hinterlegt, sondern sie haben auch nie Brillengestelle deponiert, wie Sie auf dem Bild sahen, nicht wahr?
FUNK: Ja, das sage ich ja. Jawohl. Diese Dinge sind natürlich keine regulären Depots. Das ist selbstverständlich.

Auszug aus dem Verhör von Walther Funk durch den amerikanischen Ankläger Thomas Dodd vom 7. Mai 1946. Der Prozeß gegen die Hauptkriegsverbrecher, Bd.13, S.190.

DODD: (...) I asked you yesterday, and I ask you again now, did you ever hear of anybody depositing his gold dentures in a bank for safekeeping?
[There was no response.]
You saw that film, and you saw the gold bridgework, or mouth plates, did you not, and the other dental work? Certainly nobody ever deposited that with a bank. Is that not a fact?
FUNK: As far as the teeth are concerned, this is a special case. Where these teeth came from I do not know. It was not reported to me, nor do I know what was done with those teeth. (...)
DODD: And not only did people not deposit gold teeth, but they never deposited eyeglass rims, did they, such as you saw in the picture?
FUNK: That is right. These things are, of course, no regular deposits. That goes without saying.

Extract from the examination of Walther Funk by US prosecutor Thomas Dodd, 7 May 1946. Trial of the major war criminals, Vol. XIII, p.169-170.

JACKSON: (...) Nun, jetzt möchte ich Ihnen eine Aussage von Papen zitieren:
»Im Juli oder August, es war in meinem Hause, als ich Reichskanzler war, im Jahre 1932, kam Schacht, um mich aufzusuchen. Er sagte: Da ist ein sehr intelligenter Mann - es war in Gegenwart meiner Frau, ich habe es nie vergessen -, geben Sie ihm Ihre Stellung, geben Sie die Stellung Hitler, das ist der einzige Mann, der Deutschland retten kann.«
Haben Sie das gesagt oder nicht?

Hjalmar Schacht im Zeugenstand bei der Ansicht von Beweisaufnahmen, 1946.

Hjalmar Schacht in the witness stand looking at photographic evidence, 1946.

Hjalmar Schacht während seines Schlußwortes, 31. August 1946.

Hjalmar Schacht during his final statement, 31 August 1946.

JACKSON: (...) Now, I want to quote you a statement by von Papen:
"When I was Chancellor of Germany, in 1932, Schacht came to see me in July or August while I was at home. He said, 'here's a very intelligent man'.- It was in the presence of my wife and I have never forgotten it. – He said, 'Give him your position. Give it to Hitler. He is the only man who can save Germany'."
Did you say that or didn't you?

SCHACHT: Ich weiß es nicht, ob ich das gesagt habe: Er ist der einzige Mann, der Deutschland retten kann. Aber ich habe ihm gesagt, Hitler wird und muß Kanzler werden. Das ist aber schon im August oder Juli 1932 nach den Juliwahlen geschehen und hat mit der Ernennung Hitlers, die ja erst nach dem Kabinett Schleicher in Frage stand, worüber ich hier gefragt worden bin, nichts zu tun.
JACKSON: Nun, Herr Dr. Schacht, ich habe Sie gerade gefragt, ob Sie nicht ausgesagt haben, daß Sie nichts mit seiner Ernennung zum Kanzler zu tun hatten. Sie sagten ...
SCHACHT: Das ist wahr.
JACKSON: ... und hier sagt man, daß Sie von Papen ersucht haben, den Posten an ihn abzugeben und ...
SCHACHT: Ja.

Auszug aus dem Verhör Hjalmar Schachts vom 2. Mai 1946.
Der Prozeß gegen die Hauptkriegsverbrecher, Bd. 12, S. 621.

SCHACHT: (...) Mein politischer Irrtum war, daß ich das Ausmaß der Verbrechernatur Hitlers nicht früh genug erkannt habe. Aber ich habe meine Hände nicht befleckt mit einer einzigen ungesetzlichen oder unsittlichen Handlung. (...)
Ich stehe am Ausgang dieses Prozesses in tiefster Seele erschüttert über das unsagbare Elend, das zu verhindern ich versucht habe mit allem persönlichen Einsatz und mit allen erreichbaren Mitteln, das aber zu verhindern mir versagt geblieben ist, nicht durch meine Schuld.

Auszug aus dem Schlußwort von Hjalmar Schacht, 31. August 1946.
Der Prozeß gegen die Hauptkriegsverbrecher, Bd. 22, S. 443.

SCHACHT: I do not know, whether I said that he was the only man who could save Germany, but I did tell him that Hitler would and must become Chancellor. But that was in August or July of 1932, after the July elections; and it has nothing to do with Hitler's nomination, which did not take place until after the Schleicher Cabinet, about which I have been examined here.
JACKSON: Now, Dr. Schacht, I just asked you if you had not testified that you had nothing to do with his coming to the Chancellorship and you said ....
SCHACHT: That is the truth.
JACKSON: ... and it is here said that you asked von Papen to give the place to him and ...
SCHACHT: Yes.

Extract from the examination of Hjalmar Schacht, 2 May 1946.
Trial of the major war criminals, Vol. XII, p.568.

SCHACHT: (...) My political mistake was not realising the extent of Hitler's criminal nature at an early enough time. But I did not stain my hands with one single illegal or immoral act. (...)
At the conclusion of this Trial I stand shaken to the very depths of my soul by the unspeakable suffering which I tried to prevent with all my personal efforts and with all attainable means, but which in the end I failed to prevent – not through my fault.

Hjalmar Schacht during his final statement, 31 August 1946.
Trial of the major war criminals, Vol. XXII, p.389-390.

KRANZBÜHLER: Mit Erlaubnis des Tribunals rufe ich den Großadmiral Dönitz als Zeugen.
[Der Angeklagte betritt den Zeugenstand.]
VORSITZENDER: Geben Sie Ihren vollen Namen an.
DÖNITZ: Karl Dönitz.
VORSITZENDER: Wollen Sie mir diesen Eid nachsprechen:
Ich schwöre bei Gott, dem Allmächtigen und Allwissenden, daß ich die reine Wahrheit sagen, nichts verschweigen und nichts hinzusetzen werde. [Der Zeuge spricht die Eidesformel nach.]

Diese Eidesformel mußten alle Angeklagten beim Betreten des Zeugenstandes schwören.
Vernehmung von Karl Dönitz durch seinen Verteidiger Dr. Kranzbühler am 8. Mai 1946.
Der Prozeß gegen die Hauptkriegsverbrecher, Bd. 13, S.276.

DÖNITZ: Mein Gewissen ist rein. Ich habe mich an den Brutalitäten und verbrecherischen Akten nicht beteiligt. Daß ich Hitler half, einen Krieg für mein Vaterland weiterzuführen, rechtfertigt nicht den Vorwurf, ich hätte ihm geholfen, Juden zu vernichten. Das trifft einfach nicht zu.

Dönitz am 2. Mai 1946 zum amerikanischen Gerichtspsychiater Dr. Leon Goldensohn.
Aus: Leon Goldensohn, Die Nürnberger Interviews, New York 2004, S.57.

Karl Dönitz im Zeugenstand, 1946.

Karl Dönitz in the witness stand, 1946.

KRANZBÜHLER: With the permission of the Tribunal, I call Admiral Dönitz as witness.
[The Defendant Dönitz took the stand.]
THE PRESIDENT: Will you state your full name?
DÖNITZ: Karl Dönitz
THE PRESIDENT: Will you repeat this oath after me: I swear by God – the Almighty and Omniscient – that I will speak the pure truth – and will withhold and add nothing.
[The defendant repeated the oath in German.]

This form of oath had to be sworn by all the defendants on entering the witness stand.
Examination of Karl Dönitz by his defense lawyer Dr. Kranzbühler,
8 May 1946. Trial of the major war criminals, Vol. XIII, p.246-247.

Dönitz: My conscience is clear. I was not involved in the brutality and criminal acts. The fact that I helped Hitler wage a war for my fatherland does not justify the accusation that I helped him destroy Jews. That is simply not true.

Dönitz speaking to American court psychiatrist Dr. Leon Goldensohn on 2 May 1946.
From: Leon Goldensohn. Die Nürnberger Interviews (The Nuremberg Interviews), New York 2004, p.57.

RAEDER: (...) Ich habe als Soldat meine Pflicht getan, weil ich der Überzeugung war, dem deutschen Volk und Vaterland, für das ich gelebt habe und für das zu sterben ich jederzeit bereit bin, damit am besten zu dienen. Wenn ich mich irgendwie schuldig gemacht haben sollte, so höchstens in der Richtung, daß ich trotz meiner rein militärischen Stellung vielleicht nicht nur Soldat, sondern doch bis zu einem gewissen Grade auch Politiker hätte sein sollen, was mir aber nach meinem ganzen Werdegang und der Tradition der deutschen Wehrmacht widerstrebte. Dies wäre dann aber eine moralische Schuld gegenüber dem deutschen Volk und kann mich nie und nimmer zum Kriegsverbrecher stempeln; es wäre keine Schuld vor einem Strafgericht der Menschen, sondern eine Schuld vor Gott.

Auszug aus dem Schlußwort von Erich Raeder, 31. August 1946.
Der Prozeß gegen die Hauptkriegsverbrecher, Bd. 22, S.446.

Erich Raeder während seines Schlußwortes, 31. August 1946.

ERICH RAEDER

Erich Raeder during his final statement, 31 August 1946.

RAEDER: (...) I have done my duty as a soldier because it was my conviction that this was the best way for me to serve the German people and fatherland, for which I have lived and for which I am prepared to die at any moment. If I have incurred guilt in any way, then this was chiefly in the sense that in spite of my purely military position I should perhaps have been not only a soldier, but also up to a certain point a politician, which, however, was in contradiction to my entire career and tradition of the German Armed Forces. But then this would have been a guilt, a moral guilt, towards the German people, and could never at any time brand me as a war criminal. It would not have been guilt before a human criminal court, but rather guilt before God.

Extract from the final statement of Erich Raeder, 31. August 1946.
Trial of the major war criminals, Vol. XXII, p.392.

Baldur von Schirach
während einer
Verhandlungspause, 1946.

Baldur von Schirach
during a court
recess, 1946.

Reichsjugendführer Baldur von Schirach *(links vorne)* besichtigt ein Lager der Hitlerjugend in Fürth, 5. September 1938.

Reich Youth Leader Baldur von Schirach *(front, left)* inspecting a Hitler Youth camp in Fürth, 5 September 1938.

DR. SAUTER: (...) Herr Zeuge! Ich muß Ihnen aber ein von der Staatsanwaltschaft vorgelegtes Dokument vorhalten. Es ist das Dokument 3048-PS, ein Auszug aus der Wiener Ausgabe des »Völkischen Beobachter« über eine Rede, die Sie, Herr Zeuge, am 15. September 1942 in Wien gehalten haben und in welcher der Satz vorkommt - ich zitiere hier wörtlich aus der Zeitung:
»Jeder Jude, der in Europa wirkt, ist eine Gefahr für die europäische Kultur. Wenn man mir den Vorwurf machen wollte, daß ich aus dieser Stadt, die einst die europäische Metropole des Judentums gewesen ist, Zehntausende und aber Zehntausende von Juden ins östliche Ghetto abgeschoben habe, muß ich antworten: Ich sehe darin einen aktiven Beitrag zur europäischen Kultur.«
Soweit das Zitat aus dieser Rede, die im übrigen keine antisemitischen Äußerungen von Ihnen aufweist. Angesichts Ihrer bisherigen Darstellung, Herr Zeuge, muß ich Sie fragen: Haben Sie diese Rede gehalten, und wie sind Sie zu dieser Rede gekommen trotz der grundsätzlichen Einstellung, die Sie uns bisher geschildert haben?
VON SCHIRACH: Ich will zuerst sagen, daß ich diese Rede gehalten habe. Das Zitat ist richtig. Ich habe das gesagt. Ich muß dafür einstehen. Obwohl der Plan der Judenverschickung Hitlers Plan war und die Durchführung nicht mir oblag, habe ich dieses Wort ausgesprochen, das ich aufrichtig bereue. Ich habe mich eben aus einer falschen Loyalität dem Führer gegenüber mit dieser Aktion moralisch identifiziert. Das habe ich getan. Ich kann es nicht ungeschehen machen.

Vernehmung Baldur von Schirachs durch seinen Verteidiger Dr. Sauter, 23. Mai 1946.
Der Prozeß gegen die Hauptkriegsverbrecher, Bd. 14, S.469f.

DR. SAUTER: (...) But, Witness, I must put a document to you which has been submitted by the Prosecution. It is Document Number 3048-PS, an excerpt from the Viennese edition of the "Völkischer Beobachter", on a speech which you, Witness, made on 15 September 1942 in Vienna, and in which occurs the sentence – I quote from the newspaper:
"Every Jew who operates in Europe is a danger to European culture. If I were to be accused of having deported tens of thousands of Jews from this city, once the European metropolis of Jewry, to the Eastern ghetto, I would have to reply, 'I see in that an active contribution to European culture'."
Thus runs the quotation from your speech which otherwise contains no anti-Semitic declarations on your part. Considering your previous statements, Witness, I am compelled to ask you: Did you make that speech, and how did you come to make it despite your basic attitude which you have previously described to us?
VON SCHIRACH: First, I want to say that I did make that speech. The quotation is correct. I said that. I must stand by what I have said. Although the plan of the deportation of the Jews was Hitler's plan and I was not charged with its execution, I did utter those words, which I now sincerely regret; but I must say that I identified myself morally with that action only out of a feeling of misplaced loyalty to the Führer. That I have done, and that cannot be undone.

Extract from the examination of Baldur von Schirach by his defense lawyer Dr. Sauter, 23 May 1946.
Trial of the major war criminals, Vol. XIV, p.375.

Fritz Sauckel 1946.

Fritz Sauckel

Blick auf die Anklagebank, 1946. Fritz Sauckel *(hintere Reihe)* schaut Wilhelm Keitel über die Schulter, um ebenfalls einen Blick in dessen Zeitung zu erhalten. Links neben Keitel sitzt Joachim von Ribbentrop.

View of the dock, 1946. Fritz Sauckel *(back row)* looking over Wilhelm Keitel's shoulder to get a glimpse of his newspaper. Left next to Keitel is Joachim von Ribbentrop.

BIDDLE: (...) Einen Augenblick, Angeklagter! Wir wollen uns hier nichts vormachen. Es ist ganz einfach. Wenn es ein Gesetz gab, das die Leute zur Arbeit zwang, dann mußten sie doch arbeiten, wenn ihr Kontingent einberufen wurde? Stimmt das?
SAUCKEL: Ja. Sie mußten in ihrem Heimatland zunächst arbeiten, aber sie konnten sich auch freiwillig melden, anstatt in ihrem Heimatland auch in Deutschland zu arbeiten. Und wir haben sehr großen Wert darauf gelegt.
BIDDLE: Das heißt mit anderen Worten, man konnte zwischen einer Zwangsarbeit in einer Fabrik in Frankreich oder in Deutschland wählen; in diesem Sinne war es freiwillig. Ist das richtig?
SAUCKEL: Ja.

Auszug aus der Vernehmung Fritz Sauckels durch den amerikanischen Richter Francis A. Biddle vom 31. Mai 1946. Der Prozeß gegen die Hauptkriegsverbrecher, Bd.15, S.223f.

SAUCKEL: (...) Mein Wollen und mein Gewissen ist rein; Unzulänglichkeiten und die Nöte dieses Krieges, die Furchtbarkeit seiner Verhältnisse gehen mir zutiefst zu Herzen. Ich selbst bin bereit, für jedes Schicksal, das die Vorsehung mir auferlegt, einzutreten, wie es mein gefallener Sohn tat. Die Gauleiter, die ich zu Bevollmächtigten einsetzte für den Arbeitseinsatz, hatten nur die alleinige Aufgabe, für die korrekte Versorgung und Behandlung der deutschen und der ausländischen Arbeiter zu sorgen. Gott schütze mein über alles geliebtes Volk, der Herrgott segne wieder die Arbeit deutscher Arbeiter, denen mein ganzes Leben und Streben gegolten hat, und er schenke der Welt den Frieden!

Auszug aus dem Schlußwort von Fritz Sauckel vom 31. August 1946. Der Prozeß gegen die Hauptkriegsverbrecher, Bd. 22, S.454.

BIDDLE: (...) Wait, wait, Defendant. Don't let us fool over this. It is quite simple. If there was a law which made it necessary for men to work when their quotas had been called up, they had to work, had they not? Right?
SAUCKEL: Yes, they had to work, in their own countries first of all, but they also could volunteer to work in Germany instead of working in their own country. And we attached great importance to this.
BIDDLE: In other words, a man had a choice of forced labour in an industry in France or in Germany, so in that sense it was voluntary; is that right?
SAUCKEL: Yes.

Extract from the examination of Fritz Sauckel by US Judge Francis A. Biddle, 31 May 1946. Trial of the major war criminals, Vol. XV, p.201.

SAUCKEL: (...) My intentions and conscience are clean. The shortcomings and the necessities of the war, the frightful conditions it produced, have touched my heart deeply. I myself am prepared to meet any fate which Providence has in store for me, just like my son, who was killed in the war. The Gauleiter whom I employed as plenipotentiaries for the allocation of labour had the sole task of providing for the proper treatment and care of the German and foreign workers. God protect my people, whom I love above all else, and may the Lord God again bless the labour of German workers, to whom my entire life and effort were devoted, and may He give peace to the world.

Fritz Sauckel during his final statement, 31 August 1946. Trial of the major war criminals, Vol. XXII, p.399.

Alfred Jodl im Zeugenstand, 1946.

Alfred Jodl in the witness stand, 1946.

Der Artikel berichtet, Alfred Jodl sei Hitler gefolgt, »(...) weil ich mich später überzeugte, daß Hitler, wenn auch eine infernalische, so doch eine Größe war.«

The article reported on Alfred Jodl's increasingly cynical attitude in the witness stand. He alleged that he had followed Hitler "(...) because I was later convinced that although Hitler was devilish, he was still a great man."

Hitlers „infernalische Größe"

-9. Juni 1946

Jodl in die Enge getrieben – er wird zynisch

Nürnberg, 8. Juni (Kurier-Dienst, DANA). Das Kreuzverhör Jodls durch den Sowjetankläger Oberst Prokovski brachte dem Nürnberger Gericht einen erregten Tag. Der frühere Chef des Wehrmachtführungsstabes konnte nicht leugnen, daß er Hitlers Plan zum Angriff auf die Sowjetunion als einer der ersten erfahren hat. Wiederholt schrie der Angeklagte so laut in das Mikrophon, daß er vom Vorsitzenden ermahnt werden mußte, leiser zu sprechen. Immer wieder nahm er seine Zuflucht zur „Propaganda", mit der er auch die dokumentarisch belegten Pläne für die Zerstörung Rußlands erklären will.

Als der russische Ankläger ihn auf seine Feststellung bei einer Besprechung mit dem Führer festlegte, daß die deutschen Truppen das Recht hätten, mit Partisanen zu verfahren, wie sie wollten, versuchte Jodl sich damit herauszureden, daß er die Angelegenheit „mehr komisch als ernst" nehme. Wenn er gewußt hätte, daß die russischen Herren Ironie so schlecht verstehen, hätte er hinzugefügt: „Meinetwegen auch am Spieß braten."

Zu dieser frivolen Aeußerung erklärt der Sowjetankläger, die deutschen Truppen hätten anscheinend diese Ironie besser verstanden; denn sie hätten tatsächlich verkehrt aufgehängt, gevierteilt und sogar Menschen am Spieß gebraten. Auf diese furchtbare Anklage hat Jodl nur die Antwort: „Das weiß ich nicht nur nicht, sondern ich glaube es auch nicht."

Besonders zynisch wurde der Angeklagte, als Oberst Prokovski ihn fragte, weshalb er Hitler gedient habe, wenn er ihn als Scharlatan bezeichne. So in die Enge getrieben, erwiderte Jodl: „Weil ich mich später überzeugte, daß Hitler, wenn auch eine infernalische, so doch eine Größe war."

SIR DAVID MAXWELL-FYFE: (...) Während Ihrer Kanzlerschaft im Jahre 1932 bezweifelten Sie kaum die Möglichkeit, daß, wenn Hitler zur Macht kam, Deutschland Gefahr lief, mit brutalen und verfassungswidrigen Methoden regiert zu werden, nicht wahr?
VON PAPEN: Zweifellos war das Programm der Nationalsozialisten in dieser Beziehung revolutionär, aber ich habe ja dem Gericht ausführlich dargelegt, daß, als wir zu dieser Zwangslösung des 30. Januar schritten, wir eine Reihe von Sicherheiten einbauten und ein gemeinsames Koalitionsprogramm entwarfen, das nach unserer Ansicht die von Ihnen erwähnten Gefahrenpunkte ausschloß.

Auszug aus der Beweisführung der Anklagevertretung vom 18. Juni 1946.
Der Prozeß gegen die Hauptkriegsverbrecher, Bd. 16, S.373.

Franz von Papen im Gespräch mit seinem Sohn, 1946.

FRANZ VON PAPEN

Franz von Papen talking to his son, 1946.

SIR DAVID MAXWELL-FYFE: (...) You had very little doubt in 1932, during the period of your Chancellorship, that if Hitler got into power Germany was in danger of being ruled by violent and unconstitutional methods, had you not, if Hitler got into power?
VON PAPEN: Doubtless the program of the National Socialists was revolutionary in this connection, but I explained in detail to the Court that when we came to this forced solution of 30 January we established a number of safeguards and drew up a joint coalition program which in our opinion eliminated the points of danger which you have mentioned.

Extract from the prosecution evidence, 18. June 1946.
Trial of the major war criminals, Vol. XVI, p.339.

SEYSS-INQUART: (...) Mein letztes Wort ist der Grundsatz, nach dem ich immer gehandelt habe und an dem ich bis zum letzten Atemzug festhalten werde: »Ich glaube an Deutschland!«

Auszug aus dem Schlußwort von Arthur Seyß-Inquart vom 31. August 1946.
Der Prozeß gegen die Hauptkriegsverbrecher, Bd. 22, S.460.

Arthur Seyß-Inquart während seines Schlußwortes, 31. August 1946.

ARTHUR SEYSS-INQUART

Arthur Seyß-Inquart during his final statement, 31 August 1946.

SEYSS-INQUART: (...) My last word is the principle by which I have always acted and to which I will adhere to my last breath: „I believe in Germany!"

Arthur Seyß-Inquart during his final statement of, 31 August 1946.
Trial of the major war criminals, Vol. XXII, p.405.

DR. FLAECHSNER: (...) Herr Speer! Sie haben in Ihrer Aussage vom 18.Oktober 1945 erklärt: Erstens, Sie hätten von Sauckel mit Schärfe neue Arbeitskräfte gefordert; zweitens, Sie hätten gewußt, daß unter diesen Arbeitskräften Ausländer sein würden; drittens, und hätten gewußt, daß diese teilweise gegen ihren Willen in Deutschland arbeiteten. Was haben Sie dazu zu sagen?
SPEER: Diese freiwillige Erklärung ist richtig.
Ich war Sauckel während des Krieges für jede Arbeitskraft dankbar, die er mir vermittelte. Ich habe ihn oft genug dafür verantwortlich gemacht, wenn durch zu wenig Arbeitskräfte die Rüstung nicht die möglichen Leistungen erzielt hätte, und ich habe immer die Verdienste, die er durch seine Tätigkeit für die Rüstung hatte, hervorgehoben.

Auszug aus der Beweisführung der Verteidigung vom 20. Juni 1946.
Der Prozeß gegen die Hauptkriegsverbrecher, Bd. 16, S. 493.

Albert Speer mit seinem Anwalt, 1946.

ALBERT SPEER

Albert Speer with his lawyer, 1946.

DR. FLAECHSNER: (...) Mr. Speer, you stated in your testimony of 18 October 1945 first, that you categorically demanded new labourers from Sauckel; secondly, that you knew that among these labourers there would be foreigners; thirdly, that you had known that some of these foreign workers were working in Germany against their will. Please comment on this statement.
SPEER: This voluntary statement is quite correct. During the war I was very grateful to Sauckel for every labourer whom I got through him. Many a time I held him responsible for the fact that through lack of manpower the armament industry did not achieve the results it might have, but I always emphasized the merits which accrued to him because of his activity on behalf of armaments.

Extract from the defense evidence, 20 June 1946.
Trial of the major war criminals, Vol. XVI, p.447.

VON NEURATH: Getragen von der Überzeugung, daß auch vor diesem Hohen Gericht die Wahrheit und die Gerechtigkeit trotz allen Hasses, der Verleumdung und der Verdrehung sich durchsetzen wird, glaube ich, den Ausführungen meines Verteidigers nur das eine noch hinzufügen zu müssen, daß mein Leben geweiht war der Wahrhaftigkeit, der Ehrenhaftigkeit, der Erhaltung des Friedens und der Völkerversöhnung, der Menschlichkeit und der Gerechtigkeit und daß ich hier stehe mit gutem Gewissen nicht nur vor mir selbst, sondern vor der Geschichte und vor dem deutschen Volk. (...)

Konstantin von Neurath während seines Schlußwortes, 31. August 1946.

Auszug aus dem Schlußwort von Konstantin von Neurath vom 31. August 1946.
Der Prozeß gegen die Hauptkriegsverbrecher, Bd. 22, S.462.

Konstantin von Neurath

Konstantin von Neurath during his final statement, 31 August 1946.

VON NEURATH: Firm in the conviction that truth and justice will prevail before this High Tribunal over all hatred, slander, and misrepresentation, I believe that I should add only this one thing to the words of my defence counsel: my life was consecrated to truth and honour, to the maintenance of peace and the reconciliation of nations, to humanity and justice. I stand with a clear conscience not only before myself, but before history and the German people. (...)

Konstantin von Neurath during his final statement, 31 August 1946.
Trial of the major war criminals, Vol. XXII, p.408.

FRITZSCHE: (...) Ich glaubte an Hitlers Versicherungen seines ehrlichen Friedenswillens. Dadurch verstärkte ich den Glauben des deutschen Volkes an sie.
Ich glaubte an die amtlichen deutschen Dementis gegen alle ausländischen Meldungen über deutsche Greueltaten. Mit meinem Glauben verstärkte ich den Glauben des deutschen Volkes an die Sauberkeit der deutschen Staatsführung. Das ist meine Schuld, nicht mehr - nicht weniger.

Auszug aus dem Schlußwort von Hans Fritzsche vom 31. August 1946.
Der Prozeß gegen die Hauptkriegsverbrecher, Bd. 22, S.463.

Hans Fritzsche

Hans Fritzsche im Zeugenstand, 1946.

Hans Fritzsche in the witness stand, 1946.

FRITZSCHE: (...) I believed in Hitler's assurances of a sincere desire for peace. Therefore I strengthened the trust of the German people in them. I believed in the official German denials of all foreign reports of German atrocities. And with my belief I strengthened the belief of the German people in the uprightness of the German state leadership. That is my guilt – no more, no less.

Final statement of Hans Fritzsche, 31 August 1946.
Trial of the major war criminals, Vol XXII, p.408-409.

ROBERT H. JACKSON: (...) Wenn wir nur die Erzählungen der vorderen Reihe der Angeklagten zusammenstellen, so bekommen wir folgendes lächerliche Gesamtbild von Hitlers Regierung; sie setzte sich zusammen aus:
Einem Mann Nummer 2, der nichts von den Ausschreitungen der von ihm selbst eingerichteten Gestapo wußte, und nie etwas vermutete von dem Ausrottungsprogramm gegen die Juden, obwohl er der Unterzeichner von über 20 Erlassen war, die die Verfolgung dieser Rasse ins Werk setzten.
Einem Mann Nummer 3, der nur ein unschuldiger Mittelsmann war, der Hitlers Befehle weitergab, ohne sie überhaupt zu lesen, wie ein Briefträger oder ein Botenjunge.
Einem Außenminister, der von auswärtigen Angelegenheiten wenig und von der auswärtigen Politik gar nichts wußte.
Einem Feldmarschall, der der Wehrmacht Befehle erteilte, jedoch keine Ahnung hatte, zu welchen praktischen Ergebnissen diese führen würden.
Einem Chef des Sicherheitswesens, der unter dem Eindruck war, daß die polizeiliche Tätigkeit seiner Gestapo und seines SD im wesentlichen derjenigen der Verkehrspolizei gleichkam.
Einem Parteiphilosophen, der an historischen Forschungen interessiert war und keinerlei Vorstellung von den Gewalttaten hatte, zu denen im 20. Jahrhundert seine Philosophie anspornte.
Einem Generalgouverneur von Polen, der regierte, aber nicht herrschte.
Einem Gauleiter von Franken, der sich damit beschäftigte, unflätige Schriften über die Juden herauszugeben, der jedoch keine Ahnung hatte, daß sie irgend jemand jemals lesen würde.
Einem Innenminister, der nicht wußte, was im Innern seines eigenen Amtes vor sich ging, noch viel weniger etwas wußte von seinem eigenen Ressort und nichts von den Zuständen im Innern Deutschlands.

ROBERT H. JACKSON: (...) If we combine only the stories of the front bench, this is the ridiculous composite picture of Hitler's Government that emerges. It was composed of:
A Number 2 man who knew nothing of the excesses of the Gestapo which he created, and never suspected the Jewish extermination program although he was the signer of over a score of decrees which instituted the persecutions of that race;
A Number 3 man who was merely an innocent middleman transmitting Hitler's orders without even reading them, like a postman or delivery boy;
A foreign minister who knew little of foreign affairs and nothing of foreign policy;
A field marshal who issued orders to the Armed Forces but had no idea of the results they would have in practice;
A security chief who was of the impression that the policing functions of his Gestapo and SD were somewhat on the order of directing traffic;
A Party philosopher who was interested in historical research and had no idea of the violence which his philosophy was inciting in the twentieth century;
A governor general of Poland who reigned but did not rule;
A Gauleiter of Franconia whose occupation was to pour forth filthy writings about the Jews, but who had no idea that anybody would read them;
A minister of interior who knew not even what went on in the interior of his own office, much less the interior of his own department, and nothing at all about the interior of Germany;
A Reichsbank president who was totally ignorant of what went in and out of the vaults of his bank;
And a plenipotentiary for the war economy who secretly marshalled the entire economy for armament, but had no idea it had anything to do with war. (...)

Einem Reichsbankpräsidenten, der nicht wußte, was in den Stahlkammern seiner Bank hinterlegt und was aus ihnen herausgeschafft wurde.
Und einem Bevollmächtigten für die Kriegswirtschaft, der geheim die ganze Wirtschaft für Rüstungszwecke leitete, jedoch keine Ahnung hatte, daß dies irgend etwas mit Krieg zu tun hätte. (...)

Auszug aus dem Plädoyer des amerikanischen Hauptanklägers Robert H. Jackson vom 26. Juli 1946. Der Prozeß gegen die Hauptkriegsverbrecher, Bd. 19, S. 474.

Karrikatur:
Mein Name ist Hase...

Cartoon: „I don't know anything about anything." The Nuremberg defendants drawing according to their own statements.

Extract from the summing-up of US Principal Prosecutor Robert H. Jackson, 26 July 1946. Trial of the major war criminals, Vol. XIX, p.427.

Das Titelblatt der Sonderausgabe der »Süddeutschen Zeitung« anläßlich des Nürnberger Urteilsspruchs vom 1. Oktober 1946.

Sonderausgabe

Preis 15 Pfg.

Süddeutsche Zeitung

MÜNCHNER NACHRICHTEN AUS POLITIK · KULTUR · WIRTSCHAFT UND SPORT

München, Dienstag, 1. Oktober 1946

Die Sühne der Hauptkriegsverbrecher

Das Urteil in Nürnberg

12 Todesurteile
Schacht, Papen und Fritzsche freigesprochen

Nürnberg, 1. Oktober (SZ. Dana)

In der Dienstagnachmittag-Verhandlung um 15.55 Uhr gab das Nürnberger Oberste Militärgericht das Urteil gegen die einzelnen Hauptangeklagten bekannt, das von der ganzen Welt mit ungeheurer Spannung erwartet wurde und den Schlußstein setzt unter eine Bilanz von Völkermord und Verbrechen furchtbaren Ausmaßes. Lordrichter Lawrence verkündete folgendes Strafmaß:

Zum Tode verurteilt:

Göring:	Tod durch Strang
Ribbentrop:	Tod durch Strang
Keitel:	Tod durch Strang
Kaltenbrunner:	Tod durch Strang
Rosenberg:	Tod durch Strang
Frank:	Tod durch Strang
Frick:	Tod durch Strang
Streicher:	Tod durch Strang
Sauckel:	Tod durch Strang
Jodl:	Tod durch Strang
Seyß-Inquart:	Tod durch Strang

Lebenslänglich Gefängnis:

Heß:	lebenslängliches Gefängnis
Funk:	lebenslängliches Gefängnis
Raeder:	lebenslängliches Gefängnis

Gefängnisstrafen:

Dönitz:	zehn Jahre Gefängnis
Neurath:	fünfzehn Jahre Gefängnis
Schirach:	zwanzig Jahre Gefängnis
Speer:	zwanzig Jahre Gefängnis

Letzte Meldung:

Die sowjetische Delegation weicht von der Entscheidung des Gerichtes ab, Schacht, Papen und Fritzsche freizusprechen, und fordert, daß die drei Angeklagten hätten verurteilt werden müssen.

Ebenso weicht die sowjetische Delegation von dem lebenslänglichen Gefängnisurteil gegen Heß ab, der zum Tode hätte verurteilt werden sollen.

Weiter hätten OKW, Generalstab und Reichskabinett nach der Meinung der sowjetischen Richter als verbrecherische Organisationen verurteilt werden sollen.

Schacht:	nicht schuldig nach allen Anklagepunkten, sofortige Entlassung nach Ende der Verhandlung angeordnet,
Papen:	nicht schuldig nach allen Anklagepunkten, sofortige Entlassung nach Ende der Verhandlung angeordnet,
Fritzsche:	nicht schuldig nach allen Anklagepunkten, sofortige Entlassung nach Ende der Verhandlung angeordnet,

In Abwesenheit:

Bormann:	zum Tode durch den Strang verurteilt.

„Im Namen der Gerechtigkeit"

(SZ) Eine Herausforderung an die ganze Welt und alles, was Menschenantlitz trägt, — an alles auch, was in dieser Welt als Norm der Gesittung und des Rechts Gültigkeit hatte, ist in Nürnberg mit einem Rechtsspruch beantwortet worden, der nicht nur Schuldige aburteilt, sondern darüber hinaus für die ganze Welt zugleich auch altes Recht neu feststellt und verankert!

Der Begriff „Völkerrecht" hat eine neue, tiefere Bedeutung bekommen! Gegen die in der Geschichte beispiellose Vergewaltigung all der Prinzipien und Maßstäbe, die das Leben der Menschen und Völker bestimmten, haben die Männer, die in Nürnberg zu Gericht gesessen und geurteilt haben, vor den Augen der Welt statuiert, daß derjenige zum Verbrecher wird, der sich gegen die Gesetze der Menschenordnung vergeht. Mögen diese Gesetze geschrieben oder ungeschrieben sein, — sie müssen „heiliges" Gesetz sein und bleiben, wenn nicht die ganze gesittete Welt untergehen soll.

Aus dieser Verantwortung der Menschheit gegenüber darf es im Zusammenleben der Völker k e i n e Flucht geben, — und k e i n e wie immer formulierte Begründung darf für die Verletzung dieser Rechtsnormen Entschuldigung bedeuten, wenn wir nicht das Zusammenleben der Menschen und Völker der Willkür preisgeben, gefährden und unmöglich machen wollen. Kein Befehl oder Eid darf je in der Welt als Entschuldigung dafür gelten, Recht zu brechen und Verbrechen zu begehen, — denn für solche Verbrechen und solchen Rechtsbruch gibt es k e i n e Entschuldigung! Befehlsgemäß verbrecherisch gehandelt zu haben, ist kein mildernder Umstand.

Nichts wäre verfehlter, als das Nürnberger Gerichtsverfahren dahin interpretieren zu wollen, es habe sich dabei darum gehandelt, ein paar Massenmörder und Großverbrecher abzuurteilen und sie zu hängen. Der Mord an ganzen Völkern und Rassen und millionenfache Vernichtung menschlicher Leben sind eine so ungeheuerliche Kette grausam-grauenhafter Verbrechen, daß der Tod einiger Menschen demgegenüber fast belanglos erscheint. Auch macht die Beseitigung einiger Verantwortlicher nichts ungeschehen. Der deutsche Antifaschist, der den Märtyrertod im KZ gestorben ist, wird nicht wieder lebendig; die Erniedrigung und das Leid und der erbarmungslose Tod, der auch nur einem einzigen Juden angetan worden ist, wird nie wieder

(Fortsetzung auf Seite 2)

Front page of the special edition of the "Süddeutsche Zeitung" to mark the judgment in Nuremberg, 1 October 1946.

»Zehn Monate lang lief in Nürnberg der Prozeß gegen die Hauptkriegsverbrecher und zehn Monate lang gab es berechtigte Klagen über mangelndes Verständnis und Interesse für diesen Prozeß beim deutschen Volke. Mit einem Schlage änderte sich das, als gestern die ersten Nachrichten über den Freispruch von Papen, Fritzsche und Schacht bekannt wurden. Es gibt seitdem nur einen Gesprächsstoff, nur ein Thema: Der Urteilsspruch von Nürnberg! Mit Befriedigung wurde die Verurteilung der Hauptverbrecher, der Göring und Konsorten, zur Kenntnis genommen, mit Befriedigung die Erklärung der wichtigsten Führerorganisationen der Nazis zu Verbrecherorganisationen. Aber es gab gleichzeitig bei dem Mann auf der Straße, bei den Arbeitern und Angestellten in den Fabriken und Büros, in den Läden und Werkstätten, bei allen aufbauwilligen Kräften in Stadt und Land nur eine Meinung: Diese Freisprüche sind eine Gefährdung für eine demokratische Erneuerung Deutschlands.
Zum ersten Male aber gibt es in den Massen des deutschen Volkes mehr. Aus der Empörung darüber, daß solche Verbrecher am deutschen Volke, wie es Schacht, Papen und Fritzsche

Franz von Papen, Hjalmar Schacht und Hans Fritzsche nach ihrem Freispruch, Oktober 1946.

Franz von Papen, Hjalmar Schacht and Hans Fritzsche after their acquittal, October 1946.

"The trial of the major war criminals in Nuremberg lasted ten months, and for ten months there were justified complaints about the lack of understanding and interest in this trial shown by the German people. This changed all at once when the first news emerged yesterday about the acquittal of Papen, Fritzsche and Schacht. Since then there has only been one topic of conversation, only one theme: the judgment of Nuremberg! People noted with satisfaction the sentencing of the major criminals, of Göring and his consorts, there was satisfaction that the most important leading Nazi organizations had been declared criminal organizations. But at the same time for the man on the street, the workers and employees in factories and offices, in shops and workshops, for all those in the town and countryside who are willing to work constructively to rebuild, there was one single opinion: These acquittals are a danger for the democratic renewal of Germany.
But for the first time there is something more in the mass of the German people. The anger

in den Augen jedes anständigen Menschen sind, frei ausgehen sollen, wächst überall in Deutschland, in allen Schichten des gesamten deutschen Volkes, in seltener Einmütigkeit die Forderung: Jetzt ist es Zeit, daß wir Deutschen selbst mit den Kriegsverbrechern abrechnen, jetzt müssen deutsche Gerichte vollenden, was der Nürnberger Urteilsspruch begann."

Tageskommentar von Heinz Schmidt (Berliner Rundfunk), 2. Oktober 1946. aus: Berichterstattung über den Nürnberger Prozeß gegen die Hauptkriegsverbrecher 1945/46, hrsg. von Ansgar Diller und Wolfgang Mühl-Benninghaus, Veröffentlichungen des Deutschen Rundfunkarchivs, Bd.5, Potsdam 1998, S.200.

Das Alliierte Kriegsverbrechergefängnis Berlin-Spandau, um 1947. Am 18. Juli 1947 wurden die sieben, in Nürnberg zu Freiheitsstrafen verurteilten Hauptkriegsverbrecher nach Spandau überführt.

The Allied Prison for War Criminals in Berlin-Spandau, ca. 1947. On 18 July 1947 the seven major war criminals sentenced to imprisonment in Nuremberg were committed to Spandau.

that men like Schacht, Papen and Fritzsche, who are seen as criminals against the German people in the eyes of every decent person, should get away free, has led to a growing demand all over Germany, in every layer of the whole German population, a demand expressed with rare unanimity: Now is the time for us Germans to settle accounts with the war criminals ourselves, now German courts have to finish off what the Nuremberg judgment began."

Daily radio commentary by Heinz Schmidt (Berliner Rundfunk), 2 October 1946. From: Berichterstattung über den Nürnberger Prozeß gegen die Hauptkriegsverbrecher 1945/1946 (Reports on the Nuremberg Trial of German major war criminals 1945/1946), ed. by Ansgar Diller and Wolfgang Mühl-Benninghaus, publications of the Deutsches Rundfunkarchiv, Vol. 5, Potsdam 1998, p.200.

Die Nürnberger Folgeprozesse

The Nuremberg Follow-up Trials

Weitere Verfahren der Alliierten vor einem gemeinsamen Tribunal wurden entgegen der ursprünglichen Planung nicht mehr durchgeführt. Die politischen Spannungen zwischen den Alliierten nahmen im Zuge des Kalten Krieges zu und verhinderten eine Fortsetzung der gemeinsamen Strafverfolgung von NS-Verbrechen.
Lediglich in Tokio kam es durch das Internationale Militärtribunal für den Fernen Osten vom 3. Mai 1946 bis zum 16. April 1948 zu einem vergleichbaren Verfahren, an dem Richter aus elf Staaten beteiligt waren.
In Deutschland schufen die Besatzungsmächte in allen vier Zonen auf der Grundlage des Kontrollratsgesetzes Nr. 10 vom 20. Dezember 1945 eigene Militärgerichtshöfe zur Aburteilung von NS-Kriegsverbrechern.
Amerikanische Militärgerichte führten zwischen Oktober 1946 und April 1949 zwölf weitere Prozesse gegen Ärzte und Juristen, Angehörige von SS und Polizei, Industrielle und Bankiers, Militärs und Regierungsbeamte durch. Diese sogenannten »Nürnberger Folgeprozesse« fanden alle im Schwurgerichtssaal 600 des Nürnberger Justizgebäudes statt.

Contrary to the original plans, the Allies held no further trials before a joint tribunal. As the Cold War developed, the increasing political tension between the Allies prevented them from continuing joint prosecution of Nazi crimes.
The only comparable trial was held in Tokyo from 3 May 1946 to 16 April 1948 by the International Military Tribunal for the Far East. Judges from eleven nations took part in this trial.
In Germany the occupying powers in all four zones created their own military courts to try Nazi war criminals on the basis of Control Council Law No. 10 of 20 December 1945.
Between October 1946 and April 1949 US military tribunals conducted twelve further trials of doctors and jurists, members of the SS and the police, industrialists and bankers, military personnel and government officials. These so-called "Nuremberg follow-up trials" were all held in courtroom 600 in the Nuremberg Palace of Justice.
In all, 185 persons were brought to trial. 35 defendants were acquitted, in 25 cases the death

Insgesamt wurden 185 Personen vor Gericht gestellt. 35 Angeklagte wurden freigesprochen, in 25 Fällen wurde das Todesurteil verhängt. 117 Mal ergingen Freiheitsstrafen, darunter 20 lebenslange Strafen.
Von den 25 ausgesprochenen Todesstrafen wurden 13 vollstreckt. Die restlichen zwölf Todesstrafen wurden zunächst in Freiheitsstrafen umgewandelt und in den 50er Jahren vollständig erlassen. 1958 befand sich auch der letzte ursprünglich zum Tode verurteilte Angeklagte wieder auf freiem Fuß. Von den 117 zu Freiheitsstrafen Verurteilten wurden 90 in den fünfziger Jahren begnadigt und entlassen, die Mehrzahl durch den amerikanischen Hochkommissar John J. McCloy.
Insgesamt wurden 88 Prozent aller Verurteilten vorzeitig entlassen. Lediglich 40 Angeklagte verbüßten ihre Strafe vollständig.

sentence was pronounced. There were 117 prison sentences, including 20 life sentences.
13 of the 25 death sentences were carried out. The remaining twelve death sentences were first changed to prison sentences and then wholly remitted in the 1950s. In 1958 the last prisoner waiting for the death sentence was released. Of the 117 persons sentenced to imprisonment, 90 were pardoned and released by US High Commissioner John J. McCloy in the 1950s.
In all, 88 per cent of all those sentenced were prematurely released. Only 40 defendants had to serve their full sentence.

Vom 25. Oktober 1946 bis 20. August 1947 fand in Nürnberg vor dem Ersten amerikanischen Militärgericht der sogenannte Ärzteprozeß statt. 23 Mediziner wurden wegen Kriegsverbrechen und Verbrechen gegen die Menschlichkeit vor Gericht gestellt.
Blick auf die Anklagebank, Dezember 1946. *Vordere Reihe, von links:* Karl Brandt, Siegfried Handloser, Paul Rostock, Oskar Schröder, Karl Genzken, Karl Gebhardt, Kurt Blome, Joachim Mrugowsky, Rudolf Brandt, Helmut Poppendick und Wolfram Sievers. *Hintere Reihe, von links:* Gerhard Rose, Siegfried Ruff, Viktor Brack, Hans Wolfgang Romberg, Hermann Becker-Freyseng, Georg August Weltz, Konrad Schäfer, Waldemar Hoven, Wilhelm Beiglböck, Adolf Pokorny, Herta Oberheuser und Fritz Fischer.

From 25 October 1946 to 20 August 1947 the so-called Doctors Trial took place in Nuremberg before the 1st US Military Tribunal. 23 doctors were brought to trial for war crimes and crimes against humanity.
View of the dock, December 1946. *Front row, from left:* Karl Brandt, Siegfried Handloser, Paul Rostock, Oskar Schröder, Karl Genzken, Karl Gebhardt, Kurt Blome, Joachim Mrugowsky, Rudolf Brandt, Helmut Poppendick and Wolfram Sievers. *Back row, from left:* Gerhard Rose, Siegfried Ruff, Viktor Brack, Hans Wolfgang Romberg, Hermann Becker-Freyseng, Georg August Weltz, Konrad Schäfer, Waldemar Hoven, Wilhelm Beiglböck, Adolf Pokorny, Herta Oberheuser and Fritz Fischer.

Oswald Pohl *(rechts)*, ehemaliger Chef des SS-Wirtschaftsverwaltungshauptamtes (WVHA) während des Nürnberger WVHA-Prozesses (13. Januar - 3. November 1947) im Zeugenstand, 16. Mai 1947. Pohl wurde am 3. November 1947 zum Tode verurteilt.

Oswald Pohl *(right)*, former Chief of the SS Main Office of Economy and Administration (WVHA) in the witness stand during the Nuremberg WVHA Trial (13 January 1947-3 November 1947), 16 May 1947. Pohl was sentenced to death on 3 November 1947.

Im Nürnberger Einsatzgruppenprozeß (25. Juli 1947-10. April 1948) wurden 24 ehemalige Angehörige der Einsatzgruppen beschuldigt, Millionen Juden und Zivilpersonen ermordet zu haben. Am 10. April 1948 wurden 13 Angeklagte zum Tode verurteilt, die übrigen erhielten langjährige Freiheitsstrafen.
Blick auf die Anklagebank, Oktober 1947. *Vordere Reihe, von links:* Otto Ohlendorf, Heinz Jost, Erich Naumann, Erwin Schulz. *Hintere Reihe, von links:* Ernst Biberstein, Werner Braune, Walter Haensch und Gustav Noßke.

In the Nuremberg Special Units Trial (25 July 1947-10 April 1948) 24 former members of the Special Units (Einsatzgruppen) were accused of having murdered millions of Jews and civilians. On 10 April 1948 13 defendants were sentenced to death; the others received long prison sentences.
View of the dock, Oktober 1947. *First row, from left:* Otto Ohlendorf, Heinz Jost, Erich Naumann, Erwin Schulz. *Second row, from left:* Ernst Biberstein, Werner Braune, Walter Haensch and Gustav Noßke.

Der Wilhelmstraßenprozeß (15. November 1947-11. April 1949), Blick auf die Anklagebank, 1947. *Erste Reihe von links:* Ernst von Weizsäcker, Gustav Adolf Steengracht von Moyland, Wilhelm Keppler, Ernst Wilhelm Bohle und Ernst Wörmann. *Zweite Reihe, von links:* Otto Dietrich, Gottlob Berger, Walter Schellenberg und Lutz Schwerin von Krosigk.

The Wilhelmstraße Trial (15 November 1947-11 April 1949), view of the dock, 1947. *First row, from left:* Ernst von Weizsäcker, Gustav Adolf Steengracht von Moyland, Wilhelm Keppler, Ernst Wilhelm Bohle and Ernst Wörmann. *Second row, from left:* Otto Dietrich, Gottlob Berger, Walter Schellenberg and Lutz Schwerin von Krosigk.

Aufnahme vom Gerichtssaal, November 1945. Im Hintergrund die Tribüne der Presseberichterstatter. Sie bot 250 Pressevertretern Platz. An Tagen wie der Prozeßeröffnung am 20. November 1945 und der Urteilsverkündung war sie bis auf den letzten Platz belegt, drängten sich Journalisten, die keinen Platz bekommen hatten, im Pressesaal, der sich ein Stockwerk tiefer befand. Journalisten und Fotografen aus 20 Nationen waren in Nürnberg vertreten, unter ihnen so bekannte Namen wie Erika Mann und Erich Kästner.

Photograph of the courtroom, November 1945. In the background the press stand, with seats for 250 press representatives. On days such as the opening of the trial on 20 November 1945 and the pronouncement of the judgment it was completely full and reporters unable to get a seat crowded into the press room on the floor below. Journalists and photographers from 20 nations were present in Nuremberg, including well-known names like Erika Mann and Erich Kästner.

Die Bedeutung des Nürnberger Prozesses

The Significance of the Nuremberg Trail

ROBERT H. JACKSON: (...) Als ein Militärgerichtshof stellt dieser Gerichtshof eine Fortsetzung der Kriegsanstrengungen der Alliierten Nationen dar. Als ein Internationaler Gerichtshof ist er nicht durch die verfassungsmäßigen und materiellen Verfeinerungen unserer jeweiligen juristischen oder verfassungsmäßigen Systeme gebunden, noch werden seine Entscheidungen Präzedenzfälle in das innere System der Zivilgerichtsbarkeit irgendeines Landes einführen. Als Internationaler Militärgerichtshof steht er über den örtlichen und vorübergehenden Faktoren und sucht seine Leitsätze nicht nur im Völkerrecht, sondern auch in den grundsätzlichen Prinzipien der Rechtswissenschaft, die die Voraussetzungen der Zivilisation sind und schon lange in die Gesetzbücher aller Nationen eingegliedert waren.
Einer Sache können wir sicher sein. Die Zukunft wird niemals mit Mißbilligung fragen müssen, was die Nazis zu ihren Gunsten hätten sagen können. Die Geschichte wird wissen, daß, was immer gesagt werden konnte, ihnen zu sagen gestattet war. Ihnen wurde eine Form von Prozeß zugestanden, die sie in den Tagen ihres Prunkes und ihrer Macht niemals irgend jemandem zugestanden hätten.

Plädoyer von Robert H. Jackson,
Hauptankläger für die Vereinigten Staaten, vom 26. Juli 1946.
Der Prozeß gegen die Hauptkriegsverbrecher, Bd.19, S.440.

ROBERT H. JACKSON: (...) As a military tribunal, this Tribunal is a continuation of the war effort of the Allied nations. As an International Tribunal, it is not bound by the procedural and substantive refinements of our respective judicial or constitutional systems, nor will its rulings introduce precedents into any country's internal system of civil justice. As an International Military Tribunal, it rises above the provincial and transient and seeks guidance not only from international law but also from the basic principles of jurisprudence which are assumptions of civilization and which long have found embodiment in the codes of all nations.
Of one thing we may be sure. The future will never have to ask, with misgiving, what could the Nazis have said in their favour. History will know that whatever could be said, they were allowed to say. They have been given the kind of a Trial which they, in the days of their pomp and power, never gave to any man.

Statement by Robert H. Jackson, US principal prosecutor, 26 July 1946.
Trial of the major war criminals, Vol. XIX, p.398-399.

Die große Bedeutung des Nürnberger Prozesses lag in der Tatsache, daß die Ziele des NS-Terrorregimes, seine Funktion, sein Wirken und sein verbrecherischer Charakter für alle sichtbar wurden.
Das Medieninteresse im In- und Ausland war groß. Zeitweise verfolgten mehr als 250 Pressevertreter aus aller Welt die Verhandlungen. Deutsche Journalisten waren dabei allerdings in der Minderzahl. Lediglich sieben Plätze waren im Gerichtssaal für sie vorgesehen. Obwohl die deutsche Bevölkerung großes Interesse an den Sonderausgaben der Zeitungen zur Urteilsverkündung zeigte, fanden der Verhandlungsverlauf an sich und die mit ihm verbundenen Fragen von Schuld und Verantwortung in der breiten Öffentlichkeit nur wenig Widerhall. Das lag einerseits daran, daß nur wenige Deutsche als Zuhörer an dem Verfahren teilnehmen durften. Andererseits galt die Aufmerksamkeit der Bevölkerung in erster Linie den schweren Herausforderungen des Nachkriegsalltags. Nicht wenige Deutsche leugneten mit Hinweis auf die Schuld der Angeklagten jegliche persönliche Verantwortung für die begangenen Verbrechen oder betrachteten das Verfahren als Ausdruck einer willkürlichen Siegerjustiz. So wurde die Auseinandersetzung mit der NS-Vergangenheit in den Hintergrund gedrängt.
Trotzdem wirkte das Ausmaß von NS-Gewaltverbrechen in der deutschen Nachkriegsöffentlichkeit lange nach. Der Prozeß bestimmte die deutsche Nachkriegszeit und die spätere intensive Auseinandersetzung mit der NS-Diktatur. So knüpften die Strafverfahren

The immediate significance of the Nuremberg Trial of German major war criminals was that the Nazi regime of terror was exposed to public view. The trial generated great media interest both in Germany and abroad. At times more than 250 press representatives from all over the world followed the proceedings. But German journalists were in the minority. Only seven seats were allocated to them in the courtroom. Although the German population showed great interest in the special newspaper editions on the judgment, the trial itself and the related questions of guilt and responsibility aroused little response among the general public. One reason for this was that only a few Germans were allowed to attend the trial as listeners. On the other hand, the population was mainly preoccupied with the difficult challenges of everyday life in the postwar period. Not a few Germans denied any personal responsibility for the crimes committed by pointing to the guilt of the defendants, or saw the trial as an expression of victor's justice. Confrontation with the Nazi past was thus pushed into the background.
However, for a long time the dimensions of the Nazi crimes of violence had an effect like a shock for the German public in the postwar period. The trial had a determining influence on the postwar era in Germany and the intensive examination of the Nazi dictatorship that followed later. Criminal proceedings of the 1960s often referred back to the Nuremberg documents. For historians the extensive trial documents are still an important source today.

der 60er Jahre oftmals unmittelbar an die Nürnberger Beweisdokumente an. Sie stellten für Historiker lange Zeit eine wichtige Quellengrundlage dar und haben bis heute nicht an Bedeutung verloren. Völkerrechtlich betrat der Nürnberger Militärgerichtshof Neuland. Erstmals in der Geschichte beriefen vier Staaten unterschiedlicher Verfassung und Struktur einen internationalen Gerichtshof, der über Verbrechen gegen den Frieden und gegen die Menschlichkeit zu verhandeln hatte. Erstmals wurden politische Entscheidungsträger und Institutionen juristisch zur Verantwortung gezogen.
Der Prozeß sollte so auf längere Sicht die Grundlage für ein neues Völkerrecht schaffen, das politisch Verantwortliche aller Systeme auch strafrechtlich für von ihnen begangene Untaten zur Verantwortung ziehen konnte. Das Statut des Gerichtshofs fand unter anderem Niederschlag in der UNO-Charta, in der Konvention zum Schutz der Menschenrechte und Grundfreiheiten, in zahlreichen Gesetzen und den Verfassungen beider deutscher Staaten. Aber der Weg zu einem Internationalen Völkerstrafrecht war sehr weit.
Wenn sich der Wunsch, zukünftig Kriege zu verhindern, auch nicht erfüllte, so ist unbestritten, daß die politisch-moralischen Fundamente des 2002 eingerichteten Internationalen Strafgerichtshofs in Den Haag auf dem Nürnberger Prozeß basieren.

In terms of international law the Nuremberg Military Tribunal broke new ground. For the first time in history four nations with different constitutions and structures convoked an international court whose task was to try crimes against peace and against humanity. For the first time political decision-makers and institutions were legally called to account.
The trial was intended to lay the basis for a new kind of international law which could call to account and criminally prosecute responsible persons in all systems for the crimes they had committed. The statute of the Military Tribunal was reflected in documents such as the United Nations Charter, the Convention for Protection of Human Rights and Basic Freedoms, in numerous laws and the constitutions of both German states. But it was a long way to an international code of criminal law.
The hope of preventing future wars was not fulfilled. But there is no doubt that the roots of the International Criminal Court in The Hague which was set up in 2002 lie in Nuremberg.

»Ich halte es für ein Privileg, in Nürnberg dabeigewesen zu sein. Bei einer der größten Prozeduren des zwanzigsten Jahrhunderts. Ich stimme voll und ganz Dr. Kempner zu, der sagte, daß der Nürnberger Gerichtsstaat die größte politologische und historische Forschungsstätte, die jemals existiert hat, gewesen ist. Wo sonst wurde ein Staat so systematisch durchforscht wie in diesem Prozeß? Das Resultat ist, daß der Holocaust niemals vergessen wird. Nürnberg wird immer wichtig sein als Beispiel für die Zivilisation. Für die »Human Rights«. Diese Worte werden seitdem großgeschrieben. Der Prozeß war ein historisches Laboratorium. Er hat die Wiedergutmachung bewirkt. In ihm ist Geschichte ausgebreitet worden.«

Jane Lester, ab November 1945 Übersetzerin in Nürnberg und Assistentin von Dr. Robert Kempner. Aus: Gerd R. Ueberschär (Hg.), Der Nationalsozialismus vor Gericht, Frankfurt am Main 1999, S.48-51.

"I regard it as a privilege to have been present in Nuremberg. At one of the greatest trials of the 20th century. I completely agree with Dr. Kempner, who said that the Nuremberg Court with its special constitution was the greatest research establishment for history and political science that has ever existed. Where else was a state so systematically investigated as in this trial? The result is that the Holocaust will never be forgotten. Nuremberg will always be important as an example for civilization. For "human rights". Since then these words have acquired great importance. The trial was a historical laboratory. It has achieved reparation. History was demonstrated in it."

Jane Lester, translator in Nuremberg from November 1945 and assistant to Dr. Robert Kempner. From: Gerd R. Ueberschär (ed.), Der Nationalsozialismus vor Gericht (National Socialism on Trial), Frankfurt on Main 1999, p.48-51.

»Der Quellenwert der Nürnberger Verhandlungen und der Beweisdokumente, aber auch der im Umkreis des Prozesses entstandenen reichen Publizistik ist außerordentlich und für die Geschichtswissenschaft noch immer grundlegend.«

Peter Steinbach, Der Nürnberger Prozeß gegen die Hauptkriegsverbrecher.
Aus: Gerd R. Ueberschär (Hg.), Der Nationalsozialismus vor Gericht, Frankfurt am Main 1999, S.37.

»Angesichts der Ungeheuerlichkeit dessen, was in Nürnberg aufgedeckt wurde, kann sich aber, jenseits aller juristischen Überlegungen, niemand der Feststellung entziehen, daß hier Recht geschehen ist.«

Karl Dietrich Erdmann, Die Zeit der Weltkriege, Stuttgart 1976, S.645.

Veröffentlichte Sitzungsprotokolle und Beweisdokumente zum Internationalen Militärgerichtshof, 42 Bände, erschienen 1947-1949 in Nürnberg, 2005.

Published reports of proceedings and documentary evidence from the International Military Tribunal, 42 vols., published 1947-1949 in Nuremberg, 2005.

"The value of the Nuremberg proceedings and the documentary evidence as a source, as well as the wealth of journalistic material produced in relation to the trial, is remarkable and still fundamental for historical science."

Peter Steinbach, Der Nürnberger Prozeß gegen die Hauptkriegsverbrecher (The Nuremberg Trial of the Major War Criminals). From: Gerd R. Ueberschär (ed.), Der Nationalsozialismus vor Gericht (National Socialism on Trial), Frankfurt on Main 1999, p.37.

"In view of the atrocity of what was revealed in Nuremberg, beyond all legal considerations nobody can escape the conclusion that justice was done here."

Karl Dietrich Erdmann, Die Zeit der Weltkriege (The Time of World Wars), Stuttgart 1976, p.645.

Artikel 26 des Grundgesetzes:
[Verbot der Vorbereitung eines Angriffskrieges]
(1) Handlungen, die geeignet sind und in der Absicht vorgenommen werden, das friedliche Zusammenleben der Völker zu stören, insbesondere die Führung eines Angriffskrieges vorzubereiten, sind verfassungswidrig. Sie sind unter Strafe zu stellen.

Artikel 5 der Verfassung der DDR:
Die allgemein anerkannten Regeln des Völkerrechts binden die Staatsgewalt und jeden Bürger. Die Aufrechterhaltung und Wahrung freundschaftlicher Beziehungen zu allen Völkern ist die Pflicht der Staatsgewalt. Kein Bürger darf an kriegerischen Handlungen teilnehmen, die der Unterdrückung des Volkes dienen.

Das Grundgesetz der Bundesrepublik Deutschland und die Verfassung der Deutschen Demokratischen Republik, 2005.

The Basic Law of the Federal Republic of Germany and the Constitution of the German Democratic Republic, 2005.

Article 26 of the Basic Law:
[Prohibition on the planning of a war of aggression]
(1) Acts that are capable of disturbing and intentionally undertaken to disturb the peaceful co-existence of peoples, in particular planning to wage a war of aggression, are unconstitutional. They are to be punishable by law.

Article 5 of the Constitution of the German Democratic Republic:
The generally accepted rules of international law are binding for the State authority and every citizen. The maintenance and preservation of friendly relations with all peoples is the duty of the State authority. No citizen may participate in warlike acts that serve to oppress the people.

Sitz des Internationalen Strafgerichtshofs in Den Haag, 2004.

Seat of the International Criminal Court in The Hague, 2004.

Claudia Steur

Der Internationale Militärgerichtshof.

Akt der Siegerjustiz oder Meilenstein in der Geschichte?

Peter Jochen Winters

Die Planierraupe sollte die Erinnerung einebnen.

Das Alliierte Kriegsverbrechergefängnis in Berlin-Spandau

Mirjam Kutzner

Die Nürnberger Folgeprozesse.

Die deutschen Kriegsverbrecher und das »Gnadenfieber«

Claudia Steur

The International Military Tribunal.

Act of Victor Justice or Milestone in History?

Peter Jochen Winters

The Bulldozer was Supposed to Raze Remembrance.

The Allied Prison for War Criminals in Berlin-Spandau

Mirjam Kutzner

The Nuremberg Follow-up Trials.

The German War Criminals and "Clemency Fever"

Claudia Steur

Der Internationale Militärgerichtshof.

Akt der Siegerjustiz oder Meilenstein in der Geschichte?

Am 18. Oktober 1945 eröffnete der aus Vertretern der USA, Großbritanniens, Frankreichs und der Sowjetunion bestehende Internationale Militärgerichtshof in Berlin das Strafverfahren gegen führende Vertreter des NS-Regimes. 24 Hauptkriegsverbrecher und sechs ehemalige NS-Organisationen wurden wegen Verschwörung gegen den Frieden, Führung eines Angriffskrieges, Kriegsverbrechen und Verbrechen gegen die Menschlichkeit angeklagt. Die eigentliche Gerichtsverhandlung fand in Nürnberg statt. Sie begann am 20. November 1945 und endete am 1. Oktober 1946 mit der Verkündung der Urteile. Zwölf Angeklagte wurden zum Tode verurteilt, sieben erhielten Freiheitsstrafen, drei wurden freigesprochen. Vier Organisationen wurden für verbrecherisch erklärt.

Dieser Prozeß warf viele Fragen auf. Bereits der Name des Gerichtshofs war fragwürdig. Die Bezeichnung »Internationaler Militärgerichtshof« ging auf einen Vorschlag der Sowjetunion zurück[1] und mag dem Umstand geschuldet gewesen sein, daß im besetzten, in vier Zonen eingeteilten Deutschland alliierte Militärregierungen herrschten. Zutreffend ist sie jedoch nicht. Ein Militärgericht ist ein von militärischen Behörden eingesetztes, in der Regel aus Militärrichtern bestehendes Gericht zur Aburteilung von Militärangehörigen. Die Richter des Internationalen Militärgerichtshofs waren von ihren jeweiligen Regierungen eingesetzt. Sie gehörten keineswegs alle dem Militär an und sie urteilten auch nicht über Militärangehörige. Lediglich drei der 24 Angeklagten hatten der Wehrmacht angehört. Auch die Bezeichnung »international« ist irreführend. Der Gerichtshof wurde ausschließlich von Vertretern der vier alliierten Mächte gebildet. Allerdings hatten sich weitere 19 Staaten dem am 8. August 1945 von den vier Siegermächten unterzeichneten sogenannten »Londoner Statut« angeschlossen, das die Besetzung des Gerichtshofs und die Anklagepunkte festlegte. Vor diesem Hintergrund kann von einem international getragenen Gericht gesprochen werden.

Daß die Alliierten Siegermächte die Richter und Ankläger des Internationalen Militärgerichtshofs stellten, trug dem Gericht den Vorwurf der Siegerjustiz ein.[2]

Es ist nicht von der Hand zu weisen, daß »Sieger« über »Besiegte« zu Gericht saßen. Aber rechtfertigt dies allein bereits die Verwendung des überaus negativ besetzten Begriffs der »Siegerjustiz«? Wer die Rechtsgrundlage anzweifelt, muß sich fragen, welche Alternativen es gab. Im Kriege hatten die Alliierten zunächst erwogen, die führenden Nationalsozialisten gleich nach ihrer Identifizierung kurzerhand zu erschießen. Demgegenüber war die Einsetzung eines Gerichts, das den Angeklagten die Möglichkeit der Verteidigung bot, ein Fortschritt.

Die Richter des Internationalen Militärgerichtshofs waren weitgehend unabhängig. Ihre Prozeßführung widerspricht dem Vorwurf der Siegerjustiz. Die Dauer des Verfahrens, die Fülle des vorgelegten Materials und die letztlich ausgesprochenen Strafen zeugten von dem Bemühen der Richter, die individuelle Schuld der Angeklagten zu ermitteln. Die Vertreter der Sowjetunion, die kategorisch die Todesstrafe für alle Angeklagten gefordert hatten, konnten sich nicht durchsetzen.

Ein zweiter, fundamentalerer Einwand gegen den Internationalen Militärgerichtshof lautete, er habe sich auf nachträglich geschaffenes Recht gestützt und damit gegen den alten Rechtsgrundsatz »nulla poena sine lege« (keine Strafe ohne zur Tatzeit geltendes Recht) verstoßen.[3] In der Tat beschritt der Gerichtshof juristisch gesehen Neuland. Erstmals in der europäischen Geschichte und im Völkerrecht wurde nicht nur der Staat als Ganzes zur Rechenschaft gezogen, sondern auch gegen seine führenden Vertreter, Politiker, Militärs und Wirtschaftsführer sowie gegen einzelne Organisationen Anklage erhoben.

Die Vorstellung von der persönlichen strafrechtlichen Haftung von Staatsmännern war allerdings nicht neu. Bereits der 1919 unterzeichnete Versailler Friedensvertrag hatte vorgesehen, die deutschen Urheber des Krieges, darunter auch Kaiser Wilhelm II., wegen Verstößen gegen das Kriegsrecht zur Rechenschaft zu ziehen.[4] Sie sollten von einem aus fünf Staaten zu bildenden, dem Völkerbund angegliederten Gerichtshof abgeurteilt werden. Dieser Gerichtshof wurde jedoch nie ins Leben gerufen. Nach einigem Hin und Her erklärten sich die Alliierten mit der Aburteilung der Kriegsverbrecher durch ein deutsches Gericht einverstanden. 1921 führte das Reichsgericht in Leipzig einige wenige Kriegsverbrecherprozesse durch und verhängte, sehr zum Verdruß der Alliierten, überaus milde Strafen.[5] Zwanzig Jahre später hatte Deutschland erneut einen Krieg ausgelöst und bis dahin unvorstellbare Massenverbrechen begangen. Die Rücksichtslosigkeit mit der die Deutschen während des Krieges ihre Gegner im In- und Ausland verfolgt und ermordet hatten sowie die massiven Kriegsverbrechen, die sie begangen hatten, hatte es in früheren Zeiten nicht gegeben. Vor diesem Hintergrund war die Weltöffentlichkeit nicht bereit, die Schuldigen ungeschoren davon kommen zu lassen. Dieses Mal sollte der Führungsspitze Deutschlands vor einem internationalen Gerichtshof der Prozeß gemacht werden.

Allerdings waren drei der vier vor dem Internationalen Militärgerichtshof verhandelten Straftatbestände erst nach der Tat geschaffen worden. Lediglich der Straftatbestand des »Kriegsverbrechens« war seit der Haager Konvention von 1907 definiert. Die Straftatbestände »Verschwörung und Verbrechen gegen den Frieden«, »Planung und Führung eines Angriffskrieges« sowie »Verbrechen gegen die Menschlichkeit« waren dagegen erstmals im Londoner Statut vom 8. August 1945 niedergelegt worden.[6]

Der Gerichtshof nahm zu dem Vorwurf, er wende nachträglich geschaffenes Recht an, ausführlich Stellung, ohne ihn allerdings ausräumen zu können. Er vertrat die Auffassung, dem Londoner Statut komme keine rückwirkende Bedeutung zu. Es kodifiziere lediglich all das, was bereits zuvor Bestandteil des Völkerrechts gewesen sei.[7] Als Beleg führte das Gericht eine Reihe vor 1939 unterzeichneter völkerrechtlicher Verträge an. Der 1928 abgeschlossene Briand-Kellog-Pakt, ein Kriegsächtungsvertrag, enthielt bereits ein generelles Verbot zur Führung von Aggressionskriegen. In der Haager Konvention von 1907 und der Genfer Konvention von 1929 wurden die Ermordung und Mißhandlung der Zivilbevölkerung während des Krieges als Verbrechen bezeichnet. Darin sah das Gericht eine ausreichende Legitimation für eine Anklage wegen »Verbrechen gegen die Menschlichkeit«. Unter diesen Anklagepunkt fielen allerdings nur während des Krieges begangene Verbrechen. Die Verfolgung der Juden, Zigeuner und anderer politischer Gegner durch die Nationalsozialisten bis Kriegsbeginn war demzufolge nicht Gegenstand des Verfahrens.

Der Straftatbestand »Verschwörung gegen den Frieden« war im kontinentaleuropäischen Recht völlig unbekannt. Der Internationale Militärgerichtshof orientierte sich jedoch an anglo-amerikanischem Recht. Dort gab es den Tatbestand der »Verschwörung« seit langem.[8]
Ein dritter Vorwurf lautete, der Internationale Militärgerichtshof habe nur die Verbrechen der Besiegten verfolgt, Verbrechen der Siegermächte aber unberücksichtigt gelassen.
Mit der Sowjetunion saß eine Nation auf der Richterbank, die während des Zweiten Weltkrieges ebenfalls Angriffskriege geführt und Kriegsverbrechen begangen hatte. Seit Abschluß des deutsch-sowjetischen Nichtangriffsvertrages 1939 hatte sie zu den Verbündeten Deutschlands gehört. Im selben Jahr hatte sie an der Seite Deutschlands Polen besetzt und war in Finnland einmarschiert. In Katyn hatten sowjetische Einheiten während des Krieges über 4.000 in Kriegsgefangenschaft geratene polnische Offiziere erschossen.
Der Verteidigung gelang es immer wieder, die Beteiligung der Sowjetunion am Krieg und die von ihr verübten Kriegsverbrechen herauszustreichen, sehr zum Mißfallen der sowjetischen Richter.[9] Dies brachte den Gerichtshof wiederholt in größte Verlegenheit, rief Empörung hervor und belastete das Verfahren erheblich.
Unter moralischen Gesichtspunkten ist die Beteiligung der Sowjetunion an diesem Prozeß sicher bedenklich. Rechtlich gesehen war es jedoch nicht Aufgabe des Internationalen Militärgerichtshofs, sich mit den Kriegsverbrechen anderer Staaten zu beschäftigen. Er war gemäß dem Londoner Statut ausschließlich zur Aburteilung deutscher Kriegsverbrecher eingesetzt.
Ungeachtet aller juristischen Bedenken, darf die ungeheure Leistung, die der Internationale Militärgerichtshof erbracht hat, nicht übersehen werden. Erstmals gelang es vier Staaten ganz unterschiedlicher Verfassung und Rechtsauffassung, sprachliche und menschliche Barrieren sowie mannigfaltige organisatorische Schwierigkeiten zu überwinden und bereits wenige Monate nach Kriegsende gemeinsam einen überaus materialreichen Kriegsverbrecherprozeß durchzuführen. Das ist auch heute noch beachtlich.
Was bleibt von Nürnberg? Der Nürnberger Hauptkriegsverbrecherprozeß sollte das Ende der nationalsozialistischen Herrschaft markieren und den verbrecherischen Charakter des NS-Regimes aufdecken. Dieses Ziel ist erreicht worden. Die Öffentlichkeit im In- und Ausland erhielt erstmals ein umfassendes Bild der nationalsozialistischen Herrschaft. Die unzähligen, während des Prozesses als Beweismittel vorgelegten Dokumente sowie die Prozeßprotokolle, die bereits Ende der vierziger Jahre in insgesamt 42 Bänden[10] veröffentlicht wurden, bildeten die Grundlage für die spätere intensive Auseinandersetzung mit der NS-Diktatur. Für Historiker stellen diese Dokumente auch heute noch eine bedeutende Quelle dar.
Überdies sollte der Prozeß Symbol eines neuen demokratischen, rechtsstaatlichen Anfangs sein. Er sollte »ein Jahrhundert gerechten Friedens einleiten«[11] und erneute Verbrechen gegen die Menschlichkeit verhindern helfen. Dieses Ziel wurde zwar bislang nicht erreicht, dennoch gilt der Prozeß als Meilenstein für die Weiterentwicklung des Völkerrechts. Im Dezember 1946 verabschiedete die UNO-Vollversammlung die sogenannten »Nürnberger Prinzipien«.[12] Seither sind Verbrechen gegen den Frieden, Kriegsverbrechen und Verbrechen gegen die Menschlichkeit strafbar und Staatsoberhäupter und Regierungsmitglieder für von ihnen begangene Verbrechen verantwortlich. Seit 1968 sind solche Verbrechen von der Verjährung ausgenommen.[13] Es gelang

zunächst jedoch nicht, ein funktionierendes System der internationalen Strafgerichtsbarkeit aufzubauen, da eine allgemein anerkannte Instanz zu ihrer Durchsetzung fehlte. Weiterhin wurden Angriffskriege geführt, auch von den USA und der Sowjetunion, ohne daß es völkerrechtliche Konsequenzen gehabt hätte. Erst die massiven Völkerrechtsverletzungen im ehemaligen Jugoslawien und der Völkermord in Ruanda bewogen den Sicherheitsrat der Vereinten Nationen zum Handeln. 1993 und 1994 wurden die beiden internationalen ad-hoc Strafgerichtshöfe zur Verfolgung der Kriegsverbrechen im ehemaligen Jugoslawien und in Ruanda eingerichtet. Der Wunsch nach einem ständigen Internationalen Strafgerichtshof wurde immer lauter. Am 17. Juli 1998 verabschiedete die internationale Staatengemeinschaft mit dem sogenannten »Römischen Statut« eine »Verfassung« für einen solchen Gerichtshof. 2002 nahm der Internationale Strafgerichtshof seine Arbeit auf. Seinen Sitz hat er in Den Haag, seine Wurzeln liegen jedoch in Nürnberg.

1 Taylor, Telford: Die Nürnberger Prozesse. Hintergründe, Analysen und Erkenntnisse aus heutiger Sicht, München 1994, S.82.
2 Maser, Werner: Nürnberg. Tribunal der Sieger, Düsseldorf 1977, S.549.
3 De Zayas, Alfred-Maurice: Der Nürnberger Prozeß vor dem internationalen Militär-Tribunal (1945-1946), in: Demandt, Alexander (Hg.): Macht und Recht, Große Prozesse in der Geschichte, München 1996, S.319f.
4 Klaus Kastner: Von den Siegern zur Rechenschaft gezogen. Die Nürnberger Prozesse, Nürnberg 2001, S.16.
5 Zayas, S.313f.
6 Londoner Statut, abgedruckt in: Der Nürnberger Prozeß gegen die Hauptkriegsverbrecher vor dem Internationalen Militärgerichtshof, Nürnberg 1947-1949, 42 Bde, Bd.1, S.10f.
7 Der Nürnberger Prozeß, Bd.22, S.521ff.
8 Smith, Bradley F.: Der Jahrhundert-Prozeß. Die Motive der Richter von Nürnberg. Anatomie einer Urteilsfindung, Frankfurt am Main, 1977.
9 vgl. hierzu: Der Nürnberger Prozeß, Bd.10, S.214f.; Bd.9, S.9f.
10 Der Nürnberger Prozeß gegen die Hauptkriegsverbrecher vor dem Internationalen Militärgerichtshof, Nürnberg 1947-1949, 42 Bde.
11 US-General Dwight D. Eisenhower. Zitiert in: Kastner, S.9.
12 Affirmation ot the Principles of International Law recognized by the Charter of the Nuremberg Tribunal, 11. Dezember 1946, U.N. G.A. Res 95 (I), I U.N. GAOR S.188, UN-Doc. A/64/Add.1 (1946).
13 Convention on the NON-Applicability of Statutory Limitations to War Crimes and Crimes Against Humanity, GA-Res.2391, 23 U.N. GAOR Supp. (No.18) S.40, UN-Doc. A/7218 (1968).

Claudia Steur

The International Military Tribunal.
Act of Victor Justice or Milestone in History?

On 18 October 1945 the International Military Tribunal, composed of representatives from the USA, Great Britain, France and the Soviet Union, opened criminal proceedings in Berlin against high-ranking representatives of the Nazi regime. 24 major war criminals and six former Nazi organizations were indicted for conspiracy against peace, waging a war of aggression, war crimes and crimes against humanity. The actual trial took place in Nuremberg. It began on 20 November 1945 and ended on 1 October 1946 with the pronouncement of the judgments. Twelve defendants were sentenced to death, seven received prison sentences, three were acquitted. Four organizations were declared criminal.

This trial raised many questions. Even the name of the court was questionable. The term "International Military Tribunal" came from a proposal by the Soviet Union[1] and may have been due to the fact that Allied military governments ruled in occupied Germany, which was divided into four zones. But the term is not appropriate. A military tribunal is a court set up by military authorities, usually composed of military judges, to try members of the military. The judges of the International Military Tribunal were appointed by their respective governments. By no means all of them belonged to the military and they did not try only military personnel. Only three of the 24 defendants had been members of the German Armed Forces. The term "international" is also confusing. The court was exclusively composed of representatives of the four Allied powers. However, 19 other nations had endorsed the London Statute signed on 8 August 1945 by the four victor powers, which established the composition of the court and the charges. In this context we can speak of an internationally supported court.

The fact that the victorious Allied powers provided the judges and prosecutors of the International Military Tribunal led to the court being accused of victor justice.[2] It cannot simply be denied that "victors" sat in judgment on the "defeated". But does this fact alone justify the use of the extremely negative term "victor justice"? Anybody who questions the legal grounds for this should ask what alternative there was. In the war the Allies had first considered shooting the leading Nazis without hesitation immediately after they were identified. As opposed to this, establishing a court that offered the defendants the possibility of defending themselves was a progressive step. The judges of the International Military Court were largely independent. Their conduct of the trial contradicts the accusation of victor justice. The length of the trial, the wealth of material submitted and the sentences imposed at the end testify to the judges' efforts to determine the individual guilt of the defendants. The representatives of the Soviet Union, who had categorically demanded the death sentence for all the defendants, were not able to achieve this.

A second, more fundamental objection to the International Military Tribunal is that it was based on subsequently created law, and thus contravened the old legal principle "nulla poena sine lege" (no punishment without the law valid at the time of the crime).[3] Indeed, the court broke new ground in legal terms. For the first time in European history and international law not only the state as a whole was called to account, but charges were also filed against its leading representatives, politicians, members of the military and economic leaders, as well as individual organizations. Yet the idea of personal criminal liability of statesmen was not new. Already the Treaty of Versailles signed 1919 provided to call to account the German initiators of the war, including Kaiser Wilhelm II, for violating conventions of war.[4] The plan was to try them before a court that would be constituted by five states and affiliated to the League of Nations. But this court was never established. After some to-ing and fro-ing the Allies declared their agreement to the war criminals being tried by a German court. In 1921 the Supreme Court of the Reich (Reichsgericht) in Leipzig held a few trials of war criminals and imposed extremely lenient sentences, much to the anger of the Allies.[5] Twenty years later Germany had again unleashed a war and committed unimaginable mass crimes by that time. The ruthlessness with which the Germans had persecuted and murdered their opponents at home and abroad during the war and the massive war crimes they had committed had no parallel in earlier times.In view of this, world public opinion was not prepared to let the guilty go unpunished. This time the top leadership of Germany should be tried before an international court.

Three of the four indictment counts tried before the International Military Tribunal were based on subsequently created law. Only the offense of "war crimes" had been defined since the Hague Convention of 1907. The offenses "conspiracy and crimes against peace", "planning and waging a war of aggression" and "crimes against humanity" were laid down for the first time in the London Statute of 8 August 1945.[6]

The Nuremberg court commented extensively on the accusation that it was making use of subsequently created law, but was unable to dispel it completely. It took the view that the London Statute could not be interpreted as retroactive: it simply codified everything that had already been part of international law previously.[7] As evidence the court cited a series of international law treaties signed before 1939. The Briand-Kellog Pact, an agreement proscribing war signed in 1928, already contained a general ban on waging wars of aggression. In the Hague Convention of 1907 and the Geneva Convention of 1929 the murder and maltreatment of the civilian population during war was designated as a crime. The court saw sufficient legitimation in this for an indictment for "crimes against humanity". However, only crimes committed during the war were included in this charge. The persecution of Jews, Gypsies and other political opponents by the Nazis up to the beginning of the war was consequently not a subject of the trial.

The offense "conspiracy against peace" was wholly unknown in European law. But the International Military Tribunal was oriented to Anglo-American law, which had long included the offense of "conspiracy". [8]

A third accusation was that the International Military Tribunal only prosecuted the crimes of the defeated, and took no account of the crimes of the victor powers. But the Soviet Union sat on the judges' bench - a nation which had also waged wars of aggression and committed war crimes during the Second World War. From the time the German-Soviet Non-Aggression Pact was signed in 1939 it had been one of Germany's allies. In the same year it had occupied Poland side by side with Germany, and had invaded Finland. During the war, in Katyn, Soviet units had shot more than 4,000 Polish officers who had been taken prisoner of war. The defense in the trial succeeded time and again in emphasizing the Soviet Union's involvement in the war and the war crimes it had committed, much to the annoyance of the Soviet judges.[9] This repeatedly caused great embarrassment to the court, aroused indignation and put considerable strain on the proceedings. From a moral standpoint the Soviet Union's participation in the trial is certainly questionable. But in judicial terms it was not the task of the International Military Tribunal to deal with the war crimes of other nations. In accordance with the London Statute it was established solely to try German war criminals.

Leaving aside all legal doubts, the incredible achievement of the International Military Tribunal should not be overlooked. For the first time four nations with different constitutions and different interpretations of law succeeded in overcoming linguistic and human barriers and diverse organizational problems and, just a few months after the end of the war, jointly conducting a trial of war criminals with a huge mass of documentary material. This is still remarkable today.

What remains from Nuremberg? The Nuremberg trial of German war criminals was intended to mark the end of Nazi rule and expose the criminal character of the Nazi regime. This aim was achieved. For the first time, the public in Germany and abroad was given a comprehensive picture of Nazi rule. The countless documents submitted in evidence during the trial and the records of the proceedings, which were already published in a total of 42 volumes[10] by the end of the 1940s, formed the basis for the intensive discussion about the Nazi dictatorship which followed later. For historians these documents are still an important source today.

Beyond this, the trial was intended as a symbol of a new democratic constitutional beginning. It was supposed to "inaugurate a century of just freedom"[11] and help prevent renewed crimes against humanity. This aim has not yet been achieved, but the trial is still regarded as a milestone for the further development of international law. In December 1946 the UNO General Assembly adopted the "Nuremberg Principles".[12] Since then crimes against peace, war crimes and crimes against humanity are punishable by law, and heads of state and members of governments are responsible for the crimes they have committed. Since 1968 these crimes do not come under the statute of limitations.[13] But at first there was no success in creating a functioning system of international criminal justice, because there was no generally accepted authority to try cases. Wars of aggression continued, waged by nations including the USA and the Soviet Union, without having any consequences under international law. It was the massive violations of international law in former Yugoslavia and the genocide in Ruanda that first motivated the United Nations Security Council to act. In 1993 and 1994 two ad hoc international criminal courts were set up to prosecute war crimes in former Yugoslavia and Ruanda. There were increasing calls for a permanent international criminal court. On 17 July 1998 the international community of nations adopted the Statute of Rome, a "constitution" for a court of this kind. In 2002 the International Criminal Court began work. Its seat is in the Hague, but its roots lie in Nuremberg.

1 Taylor, Telford: Die Nürnberger Prozesse. Hintergründe, Analysen und Erkenntnisse aus heutiger Sicht, Munich 1994, p.82.
2 Maser, Werner: Nürnberg. Tribunal der Sieger, Dusseldorf 1977, p.549.
3 de Zayas, Alfred-Maurice: Der Nürnberger Prozeß vor dem internationalen Militär-Tribunal (1945-1946), in: Demandt, Alexander (ed.): Macht und Recht, Große Prozesse in der Geschichte, Munich 1996, p.319f.
4 Klaus Kastner: Von den Siegern zur Rechenschaft gezogen. Die Nürnberger Prozesse, Nuremberg 2001, p.16.
5 Zayas, p.313f.
6 Londoner Statut (London Statute), published in: Der Nürnberger Prozeß gegen die Hauptkriegsverbrecher vor dem Internationalen Militärgerichtshof, Nürnberg 1947-1949, 42 Vols., Vol.1, p.10f.
7 Der Nürnberger Prozeß, Vol.22, p.521ff.
8 Smith, Bradley F.: Der Jahrhundert-Prozeß. Die Motive der Richter von Nürnberg. Anatomie einer Urteilsfindung, Frankfurt on Main, 1977.
9 cf.: Der Nürnberger Prozeß, Vol.10, p.214f.; Vol.9, p.9f.
10 Der Nürnberger Prozeß gegen die Hauptkriegsverbrecher vor dem Internationalen Militärgerichtshof, Nuremberg 1947-1949, 42 Vols.
11 US-General Dwight D. Eisenhower. Quoted in: Kastner, p.9.
12 Affirmation of the Principles of International Law recognized by the Charter of the Nuremberg Tribunal, 11. December 1946, U.N. G.A. Res 95 (I), I U.N. GAOR p.188, UN-Doc.A/64/Add.1 (1946).
13 Convention on the NON-Applicability of Statutory Limitations to War Crimes and Crimes Against Humanity, GA-Res.2391, 23 U.N. GAOR Supp. (No.18) p.40, UN-Doc. A/7218 (1968).

Peter Jochen Winters

Die Planierraupe sollte die Erinnerung einebnen.[1]

Das Alliierte Kriegsverbrechergefängnis in Berlin-Spandau

Zwischen der Heer- und der Gatower Straße ist die Wilhelmstraße im Berliner Bezirk Spandau eine schmale Durchfahrtsstraße. Auf ihrer Südostseite liegt ein Omnibushof, auf ihrer Nordwestseite erheben sich hinter einem hohen Metall-Staketenzaun eine Reihe roter Backsteinbauten aus dem vorigen Jahrhundert und einige Neubauten aus jüngster Zeit. Einst befand sich hier auf einem 39 000 Quadratmeter großen Areal das Spandauer Festungsgefängnis, das zwischen 1947 und 1987 als Alliiertes Kriegsverbrechergefängnis diente. In den Monaten September und Oktober 1987 haben die Briten, in deren Sektor Spandau lag, nach einer alliierten Vereinbarung den Zellenbau abreißen lassen.

Aus Furcht, der trutzige, mauerumwehrte Zwingbau könne zu einem Wallfahrtsort für alte und Neonazis werden, wollten die Alliierten alle Spuren tilgen. Es ist ihnen gelungen. Im September 1990 haben die Briten hier ihr »Britannia-Center«, ein Einkaufs- und Erholungszentrum, errichtet. Sie konnten es nur dreieinhalb Jahre nutzen. Dann zogen sie ab, Deutschland war wieder vereinigt. Doch erst seit November 1995 ist das Areal für Deutsche frei zugänglich. Heute befinden sich dort ein Verbrauchermarkt und ein Elektronikmarkt sowie Parkplätze. Für das von den Briten errichtete Kino scheint noch keine Verwendung gefunden. Ein »Wurstmaxe« bietet Imbisse feil und ein Zeitungs- und Zeitschriftenladen Gedrucktes, doch nichts, was die Besucher über dieses geschichtsträchtige Gelände informieren könnte.

Das Spandauer Gefängnis war zwischen 1878 und 1881 als Militärstrafanstalt errichtet und bis zum Ende des Zweiten Weltkrieges auch als solche genutzt worden. Ab Oktober 1920 fand es auch Verwendung als Zivilgefängnis für männliche Gefangene. Bis 1945 gab es hier noch einen Hinrichtungsraum mit einer Guillotine und einen Galgen, an dem gleichzeitig acht Verurteilte hingerichtet werden konnten. Das Gefängnis hatte 132 Einzelzellen, fünf Strafzellen und zehn große Säle für jeweils 40 Häftlinge. Rund 600 Häftlinge konnten hier eingesperrt werden. Nach Hitlers Machtergreifung diente das Spandauer Gefängnis als Durchgangsstation für politische Häftlinge. Bereits im März 1933 wurde hier »der rasende Reporter« Egon Erwin Kisch für einige Tage festgehalten. Später, während des Krieges, saßen hier unter vielen anderen Hitler-Gegnern Mitglieder der »Roten Kapelle« ein. »In der Zelle kommt man sich wie ein Irrer vor«, schrieb Kisch nach seiner Entlassung. »Wir hören Schreie: ‚Hilfe! Hilfe! Hier werden Menschen blutig geprügelt.' Es geht durch Mark und Bein, aber wir haben keine Nerven mehr, uns diesem Aufschrei aus dem Unbekannten hinzugeben, wir hören zuviel über das Schicksal unserer Genossen, die von Hilfspolizei und SA verhaftet und bestialisch mißhandelt wurden.«

Auf Grund einer Direktive des Alliierten Kontrollrats beschloß die Alliierte Kommandantur Berlin am 4. Oktober 1946, die im Nürnberger Hauptkriegsverbrecherprozeß zu Freiheitsstrafen Verurteilten in einem Berliner Gefängnis unterzubringen. Durch »Befehl an den Bürgermeister« vom 10. Oktober ordnete die Alliierte Kommandantur folgendes an: »Sie lassen das Gefängnis von Spandau so bald wie möglich räumen. Genauere Anweisungen werden Ihnen von dem Rechts-

ausschuß der Alliierten Kommandantur gegeben.« In Nürnberg waren im Oktober 1946 die Urteile gefällt worden.
Am 18. Juli 1947, landete am späten Nachmittag eine alliierte Militärmaschine auf dem britischen Flugplatz Berlin-Gatow. Dem Flugzeug entstiegen die sieben Kriegsverbrecher, die von nun an die einzigen Insassen des Spandauer Gefängnisses sein sollten, jeder mit Handschellen an einen amerikanischen Soldaten gefesselt. Die ganze Operation geschah unter strenger Geheimhaltung. Kein Deutscher war Augenzeuge. Die Schilderung stammt von dem langjährigen amerikanischen Gefängniskommandanten von Spandau, Bird.
Die sieben Männer waren gemäß ihrer Häftlingsnummern, mit denen sie fortan im Gefängnis angeredet wurden: Baldur von Schirach, 40 Jahre alt, Reichsjugendführer, verurteilt zu zwanzig Jahren; Großadmiral Karl Dönitz, 56 Jahre alt, Oberbefehlshaber der Kriegsmarine und im Mai 1945 für einige Tage Hitler-Nachfolger, verurteilt zu zehn Jahren; Konstantin von Neurath, 74 Jahre alt, Reichsprotektor von Böhmen und Mähren, verurteilt zu fünfzehn Jahren; Großadmiral Erich Raeder, 71 Jahre alt, Vorgänger von Dönitz als Oberbefehlshaber der Kriegsmarine, verurteilt zu lebenslanger Haft; Albert Speer, 42 Jahre alt, Hitlers Architekt und Rüstungsminister, verurteilt zu zwanzig Jahren; Walther Funk, 56 Jahre alt, Reichswirtschaftsminister und Reichsbankpräsident, verurteilt zu lebenslanger Haft; Rudolf Heß, 53 Jahre alt, »Stellvertreter des Führers« und Reichsminister, verurteilt zu lebenslanger Haft und seit seinem England-Flug am 10. Mai 1941 hinter Gittern.
Durch die amerikanische Nachrichtenagentur AP erfuhren die Leser der »Berliner Zeitung« am 19. Juli 1947, daß die Spandauer Bevölkerung »unliebsame Nachbarn erhalten« habe. Zur Aufnahme der Kriegsverbrecher sei die Strafanstalt in Spandau den Anweisungen der Alliierten Kommandantur folgend nach zwei Gesichtspunkten umgebaut worden: »Einmal galt es, die Verurteilten strenger noch als sonst in gewöhnlichen Gefängnissen von der Außenwelt hermetisch abzuschließen, und ferner mußte jeder Möglichkeit eines Selbstmordes der Kriegsverbrecher, soweit denkbar, vorgebeugt werden.« Während der übrige Teil des Gefängnisses unbenutzt bleibe – und das blieb er bis 1987 -, sei ein Geschoß mit etwa 30 »Isolierzellen« besonders hergerichtet worden. »Um eine Verständigung unter den Gefangenen zu verhindern, wird nur jede zweite Zelle belegt. Die Zellen selbst sind etwa fünf Quadratmeter groß«, heißt es in dem Bericht. »Alle Mauervorsprünge und Kanten wurden beseitigt, die Fenster mit Sicherheitsglas versehen und außerdem durch ein innen vorgebautes Drahtgeflecht noch besonders abgesperrt. Da auch die Quelle für künstliches Licht aus den Zellen heraus auf den Flur verlegt wurde, von wo aus das Licht durch ein gesichertes Türfenster einfällt, sind die Zellen baulich innen völlig kahl und ohne Anschlüsse oder Leitungen, eingebaut ist lediglich die übliche Gefängnistoilette.«
Das Alliierte Kriegsverbrechergefängnis in Spandau, das von Deutschen – mit Ausnahme der Angehörigen der Verurteilten – nicht betreten werden durfte, wurde von den vier Siegermächten gemeinsam verwaltet. Außer der Alliierten Luftsicherheitszentrale, die von 1945 bis 1990 bestand, war das Alliierte Kriegsverbrechergefängnis die einzige Viermächteeinrichtung, die den Kalten Krieg überdauerte und bis zum Tod des letzten Häftlings Bestand hatte. In Spandau stellte jede der Mächte einen Kommandanten, Gefängnispersonal und für die Sicherheit außerhalb des Zellenbaus im monatlichen Turnus eine Bewachungsmannschaft mit jeweils zwei Offizieren,

zwei Feldwebeln, sechs Unteroffizieren und 44 mit automatischen Handfeuerwaffen und Tränengasgranaten ausgerüsteten Soldaten. Den Briten unterstand das Gefängnis in den Monaten Januar, Mai und September; den Franzosen im Februar, Juni und Oktober; den Sowjets im März, Juli und November; den Amerikanern im April, August und Dezember. Jeweils der Kommandant des Landes, das die Wachen stellt, hatte den Vorsitz für den betreffenden Monat.
Zehn Jahre nach der Ankunft der sieben zu Freiheitsstrafen verurteilten »Hauptkriegsverbrecher« in Spandau waren vier von ihnen schon wieder auf freiem Fuß. Als erster verließ am 6. November 1954 der alte und kranke von Neurath das Alliierte Kriegsverbrechergefängnis; er starb zwei Jahre später. Die vier Mächte hatten sich auf seine vorzeitige Entlassung verständigt. Das traf auch für die ebenfalls schwerkranken Häftlinge Raeder – am 26. September 1955 entlassen, 1960 gestorben – und Funk zu, der am 16. Mai 1957 entlassen wurde und 1960 starb. Drei Verurteilte mußten ihre Strafe bis auf die letzte Sekunde in Spandau absitzen: Um Mitternacht des 30. September 1956 wurde Dönitz entlassen, um Mitternacht des 30. September 1966 durften Speer und von Schirach das Gefängnis verlassen. Schirach starb 1974, Dönitz 1980, Speer 1981.
Rudolf Heß aber, dessen vorzeitige Entlassung die Sowjets, die für ihn in Nürnberg die Todesstrafe gefordert hatten, trotz vielfältiger Bemühungen der drei Westalliierten, der Bundesregierung und privater Initiativen beharrlich ablehnten, mußte bis zu seinem Tod in Spandau bleiben – seit dem 1. Oktober 1966 als einziger Häftling in dem großen Gefängnisbau. Zwar waren ihm einige Hafterleichterungen gewährt worden, doch das »absurde Theater von Spandau« mit dem turnusmäßigen Wachwechsel am ersten eines jeden Monats mittags um zwölf im Innenhof hinter dem Haupttor blieb erhalten. Selbst wenn Heß gelegentlich in das britische Militärhospital gebracht worden war, blieben die Wachtürme des Gefängnisses besetzt, wurden die leeren Gebäude so streng bewacht, als sei der Teufel selbst hier eingekerkert.
Am 17. August 1987 – vierzig Jahre nach seiner Ankunft im Spandauer Gefängnis, dessen einziger Insasse er mehr als zwei Jahrzehnte lang war – setzte Heß, der im vorangegangenen April 93 Jahre alt geworden war und zum ersten Mal die vier Alliierten um seine Freilassung gebeten hatte, seinem Leben ein Ende. Sein Leichnam wurde der Familie zur Bestattung übergeben. Es dauerte noch einige Monate, bis die Alliierten am 15. Januar 1988 die Viermächteverwaltung des Alliierten Kriegsverbrechergefängnisses in Spandau, das »seinen Zweck erfüllt« hatte, offiziell beendeten. In den zurückliegenden Monaten seit dem Tod von Heß war der gesamte Gefängniskomplex vor dem Abriß mittels Plänen und Fotografien vollständig dokumentiert worden. Alle Gefängnisakten und Dokumente über die Insassen des alliierten Gefängnisses – auch jene Akten, die mit den Gefangenen aus Nürnberg nach Berlin gekommen waren – sind verfilmt worden. Jede Gewahrsamsmacht erhielt einen vollständigen Dokumentensatz auf Mikrofilm; die Originaldokumente wurden entsprechend einer alliierten Vereinbarung verbrannt. In Großbritannien bleibt der Dokumentensatz bis zum Jahr 2017 unter Verschluß. Alle Erinnerungsstücke, die sich noch im Gefängnis befanden, wurden vernichtet, ja selbst den Schutt von den Abrißarbeiten nahmen die Briten damals in Gewahrsam und »entsorgten« ihn.

1 leicht veränderter Nachdruck des gleichnamigen, in der FAZ Nr. 163 vom 17. Juli 1997 erschienenen Artikels.

The Bulldozer was Supposed to Raze Remembrance.[1]

The Allied Prison for War Criminals in Berlin-Spandau

Between Heerstraße and Gatower Straße in the Berlin district of Spandau is Wilhelmstraße, a small through road. On its southeast side is a bus depot, on its northwest side behind a high metal palisade fence is a row of red brick buildings from the last century and some recent new buildings. Spandau Fortress Prison once stood here on a site of 39,000 square meters. Between 1947 and 1987 it served as the Allied Prison for War Criminals. In September and October 1987 the British, in whose sector Spandau lay, had the prison demolished following an Allied agreement.

The Allies were afraid that the sturdy walled fortress could become a place of pilgrimage for old Nazis and neo-Nazis, and they wanted to destroy all traces of it. They succeeded. In September 1990 the British built their "Britannia Center" here, a shopping and leisure complex. They could only use it for three and a half years. Then the troops withdrew, Germany was reunited. But the site has only been freely accessible to Germans since November 1995. Today it houses a supermarket, an electronics market and parking spaces. It seems that no use has been found yet for the cinema built by the British. A "Wurstmaxe" stand offers snacks, and a newspaper shop publications, but nothing that could give visitors information about the historical importance of this site.

Spandau Prison was built as a military prison between 1878 and 1881 and was used as such until the end of the Second World War. From October 1920 it was also used as a civilian prison for male offenders. Until 1945 there was still an execution room here with a guillotine and a gallows on which eight condemned men could be hanged simultaneously. The prison had 132 single cells, five punishment cells and ten large rooms each for 40 prisoners. Around 600 prisoners could be held here. After Hitler seized power, Spandau Prison served as a transit station for political prisoners. As early as March 1933 the "frenzied reporter" Egon Erwin Kisch was detained here for several days. Later, during the war, many opponents of Hitler were held here, including members of the "Rote Kapelle" group. "In the cell you feel like a madman," Kisch wrote after his release. "We hear cries: 'Help! Help! People are being beaten here till the blood runs.' It pierces us to the marrow, but we don't have the heart any more to yield to this screaming from the unknown, we hear too much about the fate of our comrades who are arrested and brutally maltreated by auxiliary police and the SA."

On the basis of a directive from the Allied Control Council, on 4 October 1946 the Allied Military Command Berlin decided to house the defendants sentenced to imprisonment in the Nuremberg Trial of war criminals in a Berlin prison. On 10 October the Allied Command issued the following "Order to the Mayor": "You should have the prison in Spandau cleared as soon as possible. More detailed instructions will be given to you by the Legal Committee of the Allied Command." The judgments were pronounced in Nuremberg in October 1946.

On 18 July 1947, an Allied military plane landed in the late afternoon at the British airfield Gatow. The seven war criminals disembarked from the plane, each handcuffed to a US soldier. From now on they were to be the only inmates of Spandau Prison. The whole operation took

place under strict secrecy. There were no German eyewitnesses. The description comes from Mr. Bird, for many years the American prison governor of Spandau.
The seven men were lined up in the order of their prisoner's numbers, with which they were addressed in the prison from then on: Baldur von Schirach, 40 years old, Reich Youth Leader, sentenced to twenty years; Admiral of the Fleet Karl Dönitz, 56 years old, Commander in Chief of the War Navy and Hitler's successor for several days in May 1945, sentenced to ten years; Konstantin von Neurath, 74 years old, Reich Protector of Bohemia and Moravia, sentenced to fifteen years; Admiral of the Fleet Erich Raeder, 71 years old, Dönitz's predecessor as Commander in Chief of the War Navy, sentenced to life imprisonment; Albert Speer, 42 years old, Hitler's architect and Armaments Minister, sentenced to twenty years; Walther Funk, 56 years old, Reich Minister for the Economy and President of the Reichsbank, sentenced to life imprisonment; Rudolf Heß, 53 years old, the "Führer's Deputy" and Reich Minister, sentenced to life imprisonment and behind bars since his plane flight to England on 10 May 1941.
Through the American news agency AP readers of the "Berliner Zeitung" on 19 July 1947 learned that the residents of Spandau had got "unpleasant neighbors". Following the instructions of the Allied Command, the prison in Spandau had been converted to accommodate the war criminals according to two criteria: "Firstly, the convicted men had to be hermetically sealed off from the outside world, even more strictly than in ordinary prisons, and then every imaginable possibility of suicide by the war criminals had to be precluded." While the other section of the prison remained unused - and continued so until 1987 - a floor with around 30 "isolation cells" was specially constructed. "To prevent communication between the prisoners, only every second cell is occupied. The cells themselves are about five square meters in size", the newspaper reported. "All wall projections and sharp edges were removed, the windows were fitted with safety glass and specially closed off by wire netting fixed in front of them on the inside. Since the artificial light source was moved out of the cells into the corridor, from where light falls into the cell through a secure window in the door, in structural terms the interior of the cells is totally bare, with no electrical connections or piping. The only built-in fixture is the usual prison toilet."
The Allied Prison for War Criminals in Spandau, which Germans were not allowed to enter - with the exception of relatives of the convicted men - was jointly administered by the four victor powers. Aside from the Allied Air Safety Headquarters, which existed from 1945 to 1990, the Allied Prison for War Criminals was the only four power institution that survived the Cold War and existed until the death of the last prisoner. In Spandau each of the four powers provided a governor, prison staff, and for the security outside the cell building a guard troop in monthly rotation, in each case with two officers, two sergeants, six noncommissioned officers and 44 soldiers equipped with automatic small arms and tear gas grenades. The British were in charge of the prison in the months January, May and September; the French in February, June and October; the Soviet Union in March, July and November; the US in April, August and December. The prison governor from the country providing the guard was in charge for the month in question.
Ten years after the seven major war criminals sentenced to imprisonment arrived in Spandau, four of them had already been released. The first to leave the Allied Prison for War Criminals, on 6 November 1954, was von Neurath, who was old and ill; he died two years later. The four powers

had agreed to his premature release. The same applied to Raeder, who was also seriously ill - he was released on 26 September 1955 and died in 1960 - and Funk, who was released on 16 May 1957 and died in 1960. Three of the convicted men had to serve their sentences in Spandau right up to the last second: Dönitz was released at midnight on 30 September 1956, Speer and von Schirach were allowed to leave the prison at midnight on 30 September 1966. Schirach died in 1974, Dönitz in 1980 and Speer in 1981.

From 1 October 1966 Rudolf Heß was the only prisoner in the big prison building. The Soviet Union, which had demanded the death penalty for him in Nuremberg, stubbornly refused to release him prematurely, despite a variety of efforts by the three western Allies, the West German government and private initiatives. Heß had to remain in Spandau until his death. He was granted a few special privileges, but the "absurd theater of Spandau" continued with the rotating changes of the guard on the first of each month at noon in the inner courtyard behind the main gate. Even when Heß was occasionally taken to the British military hospital, the prison watch-towers were still manned and the empty buildings were guarded as strongly as if the devil himself were incarcerated there.

On 17 August 1987 - forty years after his arrival at Spandau Prison, where he was the sole prisoner for more than two decades - Heß, who had turned 93 years old the previous April and had asked the four Allies for his release for the first time, committed suicide. His body was handed over to his family for burial. It took several months until on 15 January 1988 the Allies officially ended the four-power administration of the Allied Prison for War Criminals in Spandau, which had "fulfilled its purpose". In the intervening months since Heß's death the entire prison complex had been completely documented by plans and photographs before the demolition. All the prison records and documents on the prisoners of the Allied prison - including the files which had come to Berlin from Nuremberg with the prisoners - were put on film. Each of the custodial powers received a complete set of documents on microfilm; the original documents were burned in accordance with an Allied agreement. In Britain the set of documents will remain classified until 2017. All mementos that were still in the prison were destroyed, and the British even took the rubble from the demolition work into safekeeping and "disposed" of it.

1 Slightly revised version of the above, reprinted in the article of the same name published in the FAZ No. 163, 17 July 1997.

Mirjam Kutzner

Die Nürnberger Folgeprozesse.
Die deutschen Kriegsverbrecher und das »Gnadenfieber«

Noch bevor Deutschland im Mai 1945 besiegt und von den vier Mächten der Anti-Hitler-Koalition besetzt wurde, hatten die Alliierten eine juristische Verfolgung nationalsozialistischer Kriegsverbrecher beschlossen. Der Nürnberger Hauptkriegsverbrecherprozeß blieb jedoch das einzige von den vier Siegermächten gemeinsam getragene Verfahren. Vorhaben für einen weiteren Prozeß gegen Industrielle wurden nicht realisiert.[1] Dies bedeutete jedoch keineswegs das Ende der juristischen Verfolgung von NS-Verbrechen in Deutschland. In jeder der vier Besatzungszonen kam es auf der Grundlage des Kontrollratsgesetzes Nr. 10 zu weiteren Prozessen gegen Kriegsverbrecher. In diesem Gesetz hatte der Alliierte Kontrollrat, durch den die vier Besatzungsmächte die »oberste Regierungsgewalt« über das besiegte Deutschland ausübten, die »Bestrafung von Personen, die sich Kriegsverbrechen, Verbrechen gegen den Frieden oder gegen die Menschlichkeit schuldig gemacht haben«, geregelt.[2]
Die USA verfolgten den Anspruch, jeden Deutschen für seine Beteiligung am Nationalsozialismus zur Rechenschaft zu ziehen. Deshalb mußte sich die deutsche Bevölkerung den Entnazifizierungsverfahren stellen, in denen der jeweilige Grad der Beteiligung am NS-System geprüft wurde. Anhand der Ergebnisse wurden die Betroffenen in fünf Kategorien, vom Hauptschuldigen bis zum Mitläufer oder Entlasteten, eingestuft und einem entsprechenden Strafmaß zugeführt.[3] Gegen ausgewählte Gruppen der deutschen Bevölkerung wurden zudem umfangreiche Gerichtsverfahren angestrengt. Erstens wurde in den »Dachauer Prozessen« unter der Leitung des Militärs gegen 1672 Personen verhandelt, die mehrheitlich in Konzentrationslagern tätig gewesen waren oder Verbrechen an alliierten Soldaten begangen hatten. Sie wurden vor Militär- und Sondergerichten angeklagt und abgeurteilt.[4] Zweitens erhob die amerikanische Besatzungsbehörde in den zwölf Nürnberger Folgeprozessen vom Oktober 1946 bis April 1949 Klage gegen 185 Personen der Funktionselite des »Dritten Reiches«. Nicht nur durch die Wahl des Verhandlungsortes, sondern auch durch die Übernahme der Anklagepunkte des Nürnberger Hauptkriegsverbrecherprozesses – Verbrechen gegen den Frieden und gegen die Menschlichkeit – standen die Folgeprozesse in einer direkten Verbindung mit diesem Verfahren. Die Auslegung der Anklagepunkte wurde zudem noch erweitert. »Verbrechen gegen den Frieden« umfaßten nun neben Angriffskriegen auch die militärischen Einmärsche in Österreich und der Tschechoslowakei. »Verbrechen gegen die Menschlichkeit«, die im Hauptkriegsverbrecherprozeß auf die Kriegszeit beschränkt worden waren, wurden auf die gesamte NS-Herrschaft ausgedehnt.[5]
Eine Anklage kam niemals allein aufgrund der bloßen Mitgliedschaft in einer, im Hauptkriegsverbrecherprozeß als verbrecherisch verurteilten Organisation, wie SS und SD, zustande. Ausschlaggebend war vielmehr die aktive Beteiligung an strafbaren Handlungen. Hierzu zählte nicht nur die direkte Verantwortlichkeit für die Tötung von Menschen, sondern auch die Untätigkeit trotz Kenntnis von verbrecherischen Handlungen.[6] Die Angeklagten wurden aus fünf Gruppen ausgewählt: Akademiker (Ärzte, Juristen), SS und Polizei, Industrielle und Bankiers, Angehörige

der militärischen Führung sowie Minister und hohe Regierungsbeamte.[7] Die Verbrechen, die ihnen zur Last gelegt wurden, reichten von den Massentötungen der Einsatzgruppen im Osten über Geiselerschießungen, Ausbeutung von Zwangsarbeitern bis hin zur Mißhandlung und Tötung von Konzentrationslagerhäftlingen.[8]
Mit dieser Auswahl der Angeklagten wurde in den Nürnberger Folgeprozessen das zum Thema gemacht, was in Deutschland niemand so recht hören wollte: Die Täter waren nicht nur Hitler, Himmler, Göring oder Goebbels, mit deren Tod der Schrecken sein Ende haben sollte. Vielmehr war der gesamte Staatsapparat in Verbrechen verstrickt, weil er »gesetzliches« Unrecht akzeptiert und umgesetzt hatte. Deshalb standen nicht die bekannten Nazischergen oder Mörder aus den Konzentrationslagern vor Gericht, sondern Bedienstete des Staatsapparates, ohne die auch im »Dritten Reich« Politik nicht funktionieren konnte.[9]
Durch die Verurteilung von Funktionseliten, die sich während der nationalsozialistischen Herrschaft an Untaten beteiligt hatten, sollte der verbrecherische Charakter des Systems offen zutage treten und der im Mai 1945 politisch und militärisch vollzogene Bruch mit dem nationalsozialistischen Regime auch in den Köpfen der deutschen Bevölkerung verankert werden. Die »Nürnberger Prinzipien« standen dabei ganz im Zeichen der von der amerikanischen Besatzungsmacht angestrebten Demokratisierung und Entnazifizierung der Deutschen.[10] Doch entgegen der Intention, diejenigen, die sich an den NS-Verbrechen beteiligt und damit schuldig gemacht hatten, zur Rechenschaft zu ziehen, stellte Robert Kempner, einer der Ankläger in den Folgeprozessen, fest: »Je weiter weg von den Untaten und dem Mai 45, um so milder wurden die Anschauungen – insbesondere über die Strafhöhe. Die Klarheit über die Taten und das Beweismaterial war ungeheuer angewachsen – und sagen wir ruhig – der Mut zur Bestrafung war gesunken.«[11] Schon bald nachdem im April 1949 das letzte Urteil in den Nürnberger Folgeprozessen gefällt worden war, setzte eine Welle von Begnadigungen ein, die sich bis in die fünfziger Jahre zu einem wahren »Gnadenfieber«[12] entwickeln sollte.
Die Begnadigungswelle führte zu folgender Bilanz: Von den 117 zu Haftstrafen Verurteilten wurden 90 in den fünfziger Jahren begnadigt und entlassen. Von den 25 verhängten Todesurteilen wurden 13 vollstreckt, die übrigen zwölf wurden in Haftstrafen umgewandelt, wovon die letzte 1958 vorzeitig endete. Insgesamt wurden von den 142 verhängten Strafen nur 40 vollständig verbüßt, die übrigen 102 Verurteilten kamen meist in der ersten Hälfte der fünfziger Jahre frei.
Die vorzeitig Entlassenen konnten sich meist problemlos in die deutsche Nachkriegsgesellschaft integrieren. Einer von ihnen war Hermann Becker-Freyseng, der im Ärzteprozeß zu 20 Jahren Haft verurteilt worden war. Er hatte als Referent für Luftfahrtmedizin die Planung von Menschenversuchen im Konzentrationslager Dachau zu verantworten, die für die Häftlinge mehrheitlich tödlich endeten. Nach seiner Entlassung im November 1952 wurde er von der US-Luftwaffe angeworben.[13] Ein anderer war Eugen Steimle, der im Einsatzgruppen-Prozeß zum Tode verurteilt worden war, aber bereits im Juni 1954 wieder auf freien Fuß gesetzt wurde. Er verantwortete im Rahmen seiner Tätigkeit als Führer des Sonderkommandos 7a die Exekution von 50 Kindern einer Heilanstalt in der Sowjetunion sowie die Ermordung zahlreicher »Partisanen«. Nach seiner Entlassung arbeitete er als Lehrer für Deutsch, Geschichte und Gemeinschaftskunde an einem evangelischen Gymnasium.[14]

Die Gründe für die zunehmend milderen Urteile und umfangreichen Begnadigungen waren vielfältig. Die bedeutendste Ursache ist jedoch vor dem Hintergrund des sich entwickelnden Kalten Kriegs zu sehen.[15] Als nach Kriegsende die Anti-Hitler-Koalition allmählich auseinanderbrach, wandte sich die amerikanische Politik im Zeichen des Antikommunismus zunehmend gegen die Sowjetunion. Der Wandel der US-Politik wurde durch die als »Truman-Doktrin« bekannt gewordene Rede des amerikanischen Präsidenten Harry S. Truman vom März 1947 festgeschrieben. Deutschland kam in der Ost-West-Konfrontation die Rolle eines Verbündeten der USA zu. Die amerikanische Besatzungsdirektive vom Sommer 1947, die vom bestrafenden Charakter Abstand nahm, spiegelte diesen Wandel deutlich wieder. Um als Bollwerk gegen den Osten zu dienen, bedurfte es eines wirtschaftlich starken und politisch unabhängigen Deutschlands. Dies wurde durch den Marshallplan und die Gründung der Bundesrepublik Deutschland 1949 erreicht.[16]

Noch lange bevor das letzte Urteil in den Nürnberger Folgeprozessen gefällt worden war, dachte die USA also den westlichen Besatzungszonen eine zentrale Rolle im Kampf gegen den Kommunismus zu. Je mehr jedoch diese Entwicklung zu greifen begann, desto mehr wurden die Nürnberger Folgeprozesse und die in Landsberg inhaftierten Kriegsverbrecher zu einem Problem. Denn die Mehrheit der deutschen Bevölkerung stand diesen Prozessen zunehmend ablehnend gegenüber. Viele Deutsche sahen darin lediglich den Versuch der Besatzungsmacht, mißliebige Personen loszuwerden. So kann es nicht verwundern, daß in Deutschland schon bald nur noch von den »Landsbergern«, nicht mehr von Kriegsverbrechern gesprochen wurde. Zahlreiche gesellschaftliche Gruppen, vor allem die beiden Kirchen, setzten sich mit Nachdruck für die Freilassung der Inhaftierten ein. Nicht selten wurden Forderungen nach einer Generalamnestie laut.[17]

Die Regierung unter Konrad Adenauer kam dem gesellschaftlichen Druck nach und forderte eine umfassende Amnestie sowie die Aussetzung der Vollstreckung von verhängten Todesurteilen. Den USA blieb nur die Quadratur des Kreises. Auf der einen Seite mußten sie den Forderungen des Bündnispartners Deutschland nach einer umfassenden Amnestie entgegenkommen. Auf der anderen Seite waren die USA darauf bedacht, die durch die Kriegsverbrecherprozesse aufgeworfenen »Nürnberger Prinzipien« nicht in Frage zu stellen und somit aufgeben zu müssen. Erschwerend kam hinzu, daß die in den Urteilen der Nürnberger Folgeprozesse festgestellte Schuld eines Angeklagten nicht veränderbar war und eine Berufungsinstanz fehlte. Lediglich das Strafmaß konnte durch die amerikanische Besatzungsmacht, zunächst repräsentiert durch den Militärgouverneur und ab 1949 durch den Hohen Kommissar, variiert werden.[18]

Die Politik des seit 1949 eingesetzten amerikanischen Hochkommissars John J. McCloy zielte auf die Entspannung dieser Situation. Eine Generalamnestie lehnte er ab, dafür bemühte er sich den deutschen Forderungen durch Teilamnestien entgegenzukommen. So wurden bereits 1950 zahlreiche Kriegsverbrecher aufgrund guter Führung vorzeitig entlassen. Als die deutschen Forderungen nach umfangreichen Amnestien dennoch nicht nachließen[19], milderte McCloy im Januar 1951 weitere zahlreiche Haftstrafen. Hierbei stützte er sich auf die Empfehlungen des von ihm im Juli 1950 eingerichteten »Beratenden Ausschuß für die Begnadigung von Kriegsverbrechern«. Wie McCloy wiederholt betonte, sollte der Ausschuß lediglich die Möglichkeiten für Begnadigungen aufzeigen. Die gefällten Urteile und damit auch die Nürnberger Folgeprozesse sollten jedoch nicht in Frage gestellt werden.[20] Obwohl er den Empfehlungen des Ausschusses nicht in allen Fällen folgte, wurde dennoch bei der Mehrheit der noch inhaftierten Kriegsverbrecher das Strafmaß reduziert. In 34 Fällen führte dies zu einer sofortigen Freilassung. Von den sieben zur Begnadigung vorgeschlagenen Todesurteilen wandelte McCloy zwei in Haftstrafen um, die übrigen fünf wurden am 7. Juni 1951 vollstreckt. Es waren die letzten Hinrichtungen von NS-Kriegsverbrechern in der BRD.[21]

Um die jedoch weiterhin anhaltende Kontroverse zu entschärfen, nahm 1953 ein »Interimistischer Gemischter Parole- und Gnadenausschuß«, der sich aus drei Amerikanern und zwei Deutschen zusammensetzte, seine Arbeit auf. Im Vorfeld waren zahlreiche Richtlinien, z. B. die Gründe für eine krankheitsbedingte Haftentlassung, zu Gunsten der Häftlinge verändert worden. Die meisten Entlassungen erfolgten jedoch nach dem US-Verfahren der »Parole«, einer vorzeitigen Haftentlassung mit dauerhafter Beaufsichtigung und Betreuung durch ehrenamtliche Bewährungshelfer.[22]

In den darauf folgenden Jahren leerte sich das Landsberger Gefängnis, in dem schon Hitler 1923 inhaftiert gewesen war, nach und nach. Anfang 1958 saßen in Landsberg nur noch vier Verurteilte ein, während die französischen und britischen Kriegsverbrechergefängnisse bereits seit dem Sommer 1957 leer standen.[23] Drei der letzten Inhaftierten waren Angehörige der Einsatzgruppen und, im Prozeß ursprünglich zum Tode verurteilt, 1951 von McCloy zu Haftstrafen begnadigt worden. Einer von ihnen, Martin Sandberger, 1911 geboren und promovierter Jurist, war Führer des Einsatzkommandos 1a, das im Winter 1941/42 Estland »judenfrei« meldete und die Ermordung zahlreicher Kommunisten übernommen hatte.[24] Sandberger hatte während des Einsatzgruppen-Prozesses die Verantwortung für diese Taten unter seinem Kommando zugegeben. Nichtsdestotrotz setzte sich unter anderem Bundespräsident Theodor Heuss für seine Begnadigung ein, wenn auch erfolglos.[25] Dennoch kamen Sandberger und die übrigen drei Gefangenen 1958 frei, nachdem der »Gemischte Ausschuß« beschlossen hatte, die Strafen auf den bereits verbüßten Teil zu reduzieren, was zu ihrer sofortigen Freilassung führte.[26]

Die Nürnberger Folgeprozesse und die darin verhängten Urteile entwickelten sich während der ersten Nachkriegsjahre zu einer Belastungsprobe des deutsch-amerikanischen Verhältnisses. Die ursprüngliche Intention der USA, durch die Bestrafung der Funktionseliten einen deutlichen Bruch mit der NS-Vergangenheit aufzuzeigen, ging zunehmend verloren. Wenngleich die USA ihre Urteile niemals grundsätzlich in Frage stellen mußten und somit an den Prinzipien von Nürnberg festhielten, kam es zu zahlreichen Haftminderungen und vorzeitigen Entlassungen. Die Folge dieser Entwicklung war die reibungslose Integration von Kriegsverbrechern in die deutsche Nachkriegsgesellschaft. Die Prozesse und die von ihnen transportierte Botschaft verschwanden rasch aus dem kollektiven Gedächtnis der Deutschen.

1 Buscher, Frank M.: The U.S. War Crimes Trial Program in Germany, 1946-1955, New York/Westport/London 1989, S. 30; Taylor, Telford: Die Nürnberger Prozesse. Kriegsverbrechen und Völkerrecht, Zürich 1951, S. 45.

2 www.verfassungen.de/de/de45-49/kr-gesetz10.htm (24.08.2005). Nach diesem Gesetz war eine Kooperation mit einer oder mehreren im Alliierten Kontrollrat vertretenen Nationen (Artikel II c) möglich, wurde jedoch nie in Anspruch genommen. Vgl. Taylor, S. 46.

3 Vollnhals, Clemens: Entnazifizierung. Politische Säuberung und Rehabilitierung in den vier Besatzungszonen 1945-1949, München 1991, S. 9-23.

4 Schwarz, Thomas Alan: Die Begnadigung deutscher Kriegsverbrecher. John J. McCloy und die Häftlinge von Landsberg, in: Vierteljahrshefte für Zeitgeschichte 38 (1990) 3, S. 375-414, hier S. 378.

5 Maguire, Peter: Nuremberg: A Cold War Conflict of Interest, in: Cooper, Belinda (Hg.): War Crimes. The Legacy of Nuremberg, New York 1999, S. 67-85, hier S. 68.

6 Taylor, S. 51 f.

7 Ebd., S. 52. Insgesamt wurden die Angeklagten in zwölf Prozessen abgeurteilt: 1) Ärzteprozeß, 2) Juristenprozeß, 3) Milch-Prozeß, 4) Prozeß gegen Mitglieder des Wirtschafts- und Verwaltungshauptamtes der SS, 5) Flick-Prozeß, 6) IG-Farben-Prozeß, 7) Prozeß gegen die Südost-Generale, 8) Prozeß gegen Mitglieder des Rasse- und Siedlungshauptamtes der SS, 9) Einsatzgruppen-Prozeß, 10) Krupp-Prozeß, 11) Wilhelmstraßen-Prozeß, 12) Prozeß gegen Mitglieder des Oberkommandos der Wehrmacht.

8 Vgl. hierzu den gut recherchierten Sammelband Ueberschär, Gerd R.: Der Nationalsozialismus vor Gericht. Die alliierten Prozesse gegen Kriegsverbrecher und Soldaten 1943–1952, Frankfurt a. M. 1999.

9 Wollenberg, Jörg: Das Elitenverbrechen. Über das sorgfältige Vergessen der Nürnberger NS-Kriegsverbrecherprozesse gegen die Eliten aus Wirtschaft, Wissenschaft, Heer und Diplomatie, in: Friedrich, Jörg/Wollenberg, Jörg (Hg.): Licht in den Schatten der Vergangenheit. Zur Enttabuisierung der Nürnberger Kriegsverbrecherprozesse, Frankfurt a. M./Berlin 1977, 10-25, hier S. 14, 23 f.

10 Rupier, Hermann-J.: Amerikanische Besatzungspolitik, in: Benz, Wolfgang (Hg.): Deutschland unter alliierter Besatzung 1945–1949/55, Berlin 1999, S. 33-47, hier S. 35.

11 Kempner, Rober M W.: Ankläger einer Epoche, Frankfurt a. M./Berlin/Wien 1983, S. 346.

12 Wollenberg, S. 10.

13 Artikel »Becker-Freyseng, Hermann«, in: Klee, Ernst: Das Personenlexikon zum Dritten Reich. Wer war was vor und nach 1945, Frankfurt a. M. 2003, S. 35.

14 Artikel »Steimle, Eugen«, in: Klee, S. 599.

15 Schwartz, S. 379.

16 Ebd., S. 379; Dülfer, Jost: Jalta, 4. Februar 1945. Der Zweite Weltkrieg und die Entstehung der bipolaren Welt, München 1998, S. 201-224.

17 Schwartz, S. 382-384; Buscher, S. 49.

18 Taylor, S. 47.

19 Schwartz, S. 385-387.

20 Ebd., S. 387-389.

21 Mendelsohn, John: War Crimes Trials and Clemency in Germany and Japan, in: Wolfe, Robert (Hg.): Americans as Proconsuls. United States Military Government in Germany and Japan, 1944–1952, Carbondale/Edwardsville 1984, S. 226-259, hier S. 251; Schwartz, S. 397-400.

22 Frei, Norbert: Vergangenheitspolitik. Die Anfänge der Bundesrepublik und die NS-Vergangenheit, München 1996, S. 294 f; Maguire, S. 78 f. Im Original hieß der Ausschuß: »Interim Mixed Parole and Clemency Board« (IMPAC).

23 Frei, S. 297.

24 Krausnick, Helmut/Wilhelm, Hans-Heinrich: Truppe des Weltanschauungskrieges. Die Einsatzgruppen der Sicherheitspolizei und des SD 1938-1942, Stuttgart 1981, S. 604 f.

25 Frei, S. 298-300.

26 Ebd., S. 302.

The Nuremberg Follow-up Trials.
The German War Criminals and "Clemency Fever"

Even before Germany was defeated in May 1945 and occupied by the four powers of the anti-Hitler coalition, the Allies had decided on judicial prosecution of Nazi war criminals. But the Nuremberg Trial of German major war criminals remained the only trial conducted jointly by the four victor powers. Plans for a further trial of industrialists were not carried out.[1] However, this was by no means the end of legal prosecution of Nazi crimes in Germany. Further trials of war criminals were held in each of the four occupied zones on the basis of Control Council Law No. 10. In this law the Allied Control Council, through which the four occupying powers exercised "supreme governmental power" over defeated Germany, had regulated the "punishment of persons who have made themselves guilty of war crimes, crimes against peace or against humanity".[2]
The USA pursued the aim of calling every German to account for his involvement in National Socialism. The Germans had to present themselves to denazification proceedings in which their personal degree of participation in the Nazi system was investigated. In the light of the results the persons concerned were classified into five categories, from "main offender" to "fellow traveler" to "exonerated", and punished accordingly.[3] Further, extensive court proceedings were initiated against selected groups from the German population. Firstly, in the "Dachau Trials" 1672 persons were tried under the direction of the military. Most of the defendants had worked in concentration camps or committed crimes against Allied soldiers. They were indicted and tried before military tribunals and special courts.[4] Secondly, in the twelve Nuremberg Follow-up Trials from October 1946 to April 1949 the US occupying authorities brought charges against 185 persons from the administrative elite of the "Third Reich". The Follow-up Trials were directly linked to the Nuremberg Trial of major war criminals, not only in the choice of location for the court but also in the adoption of charges from that trial - crimes against peace and against humanity. Additionally, the interpretation of the charges was extended in the Follow-up Trials. "Crimes against peace" now included, along with wars of aggression, the military invasions of Austria and Czechoslovakia. "Crimes against humanity", which had been restricted to the duration of the war in the trial of major war criminals, was extended to the whole period of Nazi rule.[5]
Persons were never indicted solely on grounds of membership of one of the organizations adjudged criminal in the trial of major war criminals, such as the SS and SD. Rather, the decisive factor was active participation in criminal acts. This included not only direct responsibility for killing people, but also failure to act despite knowledge of criminal acts.[6] The defendants were selected from five groups: academics (doctors, jurists), the SS and the police, industrialists and bankers, members of the military leadership, and ministers and high-ranking government officials.[7] The crimes they were accused of ranged from the mass killings by Special Units in Eastern Europe to shooting of hostages, from exploitation of forced laborers to maltreatment and killing of concentration camp prisoners.[8]
With this selection of defendants the Nuremberg Follow-up Trials highlighted a subject that nobody in Germany really wanted to hear about: The perpetrators were not only Hitler, Himmler, Göring or Goebbels, whose deaths were supposed to have put an end to the horror. Rather, the

whole apparatus of the state was enmeshed in crimes, because it had accepted "legal" injustice and acted upon it. Thus it was not the well-known Nazi thugs or murderers from the concentration camps who stood before the courts, but officials of the state machinery without whom politics could not function, even in the "Third Reich".[9]

The idea behind the sentencing of members of the administrative elite who had been involved in atrocities during the period of Nazi rule was that the criminal character of the system should be exposed, and the political and military break with the Nazi regime completed in May 1945 should be firmly established in the minds of the German population. In this context the "Nuremberg Principles" were entirely in line with the American occupying power's aim of democratizing and denazifying the Germans.[10] But events developed contrary to the intention of calling to account those who had participated in Nazi crimes and made themselves guilty. Robert Kempner, one of the prosecutors in the Follow-up Trials, noted, "The further away from the atrocities and from May '45, the more lenient opinions became - particularly on the severity of the sentences. Clarity about the crimes and the material submitted in evidence had increased immensely and - we can freely say - the courage to punish had diminished."[11] Soon after the last judgment had been imposed in the Nuremberg Follow-up Trials in April 1949, a wave of pardons began that was to develop into veritable "clemency fever"[12] in the 1950s. The wave of pardons resulted in the following balance-sheet: of the 117 persons sentenced to imprisonment, 90 were pardoned and released in the 1950s. Of the 25 death sentences imposed, 13 were carried out, the other twelve were remitted to prison sentences, the last of which ended prematurely in 1958. In all, of the 142 sentences imposed, only 40 were served completely; the remaining 102 convicted persons were mostly released in the first half of the 1950s. Most of those prematurely released were able to get integrated into German postwar society without problems. One of them was Hermann Becker-Freyseng, who had been sentenced to 20 years imprisonment in the Doctors Trial. As an expert for aviation medicine he had been responsible for planning human experiments in Dachau concentration camp. The majority of these experiments ended in the death of the prisoners. After his release in November 1952 he was recruited by the US Air Force.[13] Another was Eugen Steimle, who was sentenced to death in the Special Units Trial, but already released in June 1954. In the course of his work as Leader of Special Detachment 7a he was responsible for the execution of 50 children in a sanitarium in the Soviet Union and for the murder of many "partisans". After his release he worked at a Protestant high school teaching German, history and social studies.[14]

There were various reasons for the increasingly lenient judgments and extensive pardons. But the most important cause should be seen in the context of the Cold War that was developing.[15] As the anti-Hitler coalition gradually collapsed after the end of the war, US policy, influenced by anti-communism, turned increasingly against the Soviet Union. The change in US policy was established in the speech made by US President Harry S. Truman in March 1947 that became known as the "Truman Doctrine". In the east-west confrontation Germany was assigned the role of an ally of the USA. The US Occupation Directive of the summer of 1947, which refrained from the punitive attitude, clearly reflected this change. An economically strong and politically independent Germany was needed to serve as a bastion against Eastern Europe. This was achieved through the Marshall Plan and the establishment of the Federal Republic of Germany in 1949.[16] Therefore, long before the last judgment was pronounced in the Nuremberg Follow-up Trials, the USA had decided to assign the western zones of occupation a central role in the battle against communism. But the more this development began to take hold, the more the Nuremberg Follow-up Trials and the war criminals imprisoned in Landsberg became a problem. The majority of the German population had an increasingly negative attitude to these trials. Many Germans saw them simply as an attempt by the occupying powers to get rid of unpopular people. It is hardly surprising that in Germany people were soon speaking only of "Landsbergers" and no longer of war criminals. Many social groups, especially the two Churches, strongly supported the release of the prisoners. Demands for a general amnesty were not uncommon.[17]

The government under Konrad Adenauer yielded to the social pressure and demanded an extensive amnesty as well as stay of execution for the death sentences imposed. All that remained for the USA was to square the circle. On the one hand it had to accommodate to the demands of its ally Germany for an extensive amnesty. On the other hand, the USA was concerned not to question the "Nuremberg Principles" which had emerged from the trials of the war criminals, and thus be forced to abandon them. Another difficulty was that the guilt of a defendant established in the judgments of the Nuremberg Follow-up Trials was inalterable, and there was no appeal instance. The degree of punishment could only be changed through the American occupying power, represented at first by the military governor and from 1949 by the high commissioner.[18] The policy of US High Commissioner John J. McCloy, who was appointed in 1949, aimed at easing this situation. He rejected a general amnesty but endeavored to accommodate to the German demands with partial amnesties. Already in 1950 a large number of war criminals were prematurely released on grounds of good behavior. When the German demands for extensive amnesties still did not diminish,[19] McCloy moderated many further prison sentences in January 1951. He based this decision on the recommendations of the "Advisory Board for Clemency for War Criminals" which he set up in July 1950. As McCloy repeatedly emphasized, the role of the Board was simply to indicate the possibilities for clemency. But the judgments imposed by the court, and consequently the Nuremberg Follow-up Trials, should not be questioned.[20] Although he did not follow the Board's recommendations in all cases, the degree of punishment was reduced for the majority of war criminals still in prison. In 34 cases this led to immediate release. Of the seven death sentences recommended for clemency, McCloy remitted two to prison sentences; the other five were carried out on 7 June 1951. They were the last executions of Nazi war criminals in the Federal Republic of Germany.[21]

But the controversy continued. To defuse it, in 1953 an "Interim Mixed Parole and Clemency Board" composed of three Americans and two Germans began work. As a preliminary many guidelines, e.g. the grounds for release from prison for health reasons, had been changed to the benefit of the prisoners. But most of the releases took place on the basis of the US "parole" procedure, premature release with continuous supervision and minding by probation assistants working in an honorary capacity.[22]

In the following years Landsberg Prison, where Hitler had once been imprisoned in 1923, gradually emptied. At the beginning of 1958 there were only four convicted persons left in Landsberg, while the French and British prisons for war criminals had already been empty since the summer of 1957.[23] Three of the last prisoners were members of Special Units originally sentenced to death in the trial; in 1951 McCloy had remitted their sentences to imprisonment. One of them,

Martin Sandberger, born in 1911 and a Doctor of Law, was Leader of Special Unit 1a which in the winter of 1941/42 reported Estonia to be "free of Jews" and was responsible for the murder of many communists.[24] During the Special Units Trial Sandberger had admitted responsibility for these crimes under his command. Nonetheless German Federal President Theodor Heuss, among others, supported clemency for him, although without success.[25] But Sandberger and the other three prisoners were released in 1958 after the "Mixed Board" had decided to reduce their sentences to the part they had already served, which led to their immediate release.[26]

The Nuremberg Follow-up Trials and the judgments imposed in them developed into an endurance test of German-American relationships during the early postwar years. The USA's original intention, to demonstrate a clear break with the Nazi past by punishing the administrative elite, increasingly got lost. Although the USA never had to fundamentally question its court judgments and thus adhered firmly to the "Nuremberg Principles", there were a large number of reduced prison sentences and premature releases. The result of this development was the smooth integration of war criminals into postwar German society. The trials and the message they conveyed vanished quickly from the collective memory of the Germans.

1 Buscher, Frank M.: The U.S. War Crimes Trial Program in Germany, 1946-1955, New York/Westport/London 1989, p. 30; Taylor, Telford: Die Nürnberger Prozesse. Kriegsverbrechen und Völkerrecht, Zurich 1951, p. 45.
2 www.verfassungen.de/de/de45-49/kr-gesetz10.htm (24.08.2005). Under this law cooperation with one or more of the nations represented in the Allied Control Council was possible (Article II c), but was never called upon. Cf. Taylor, p. 46.
3 Vollnhals, Clemens: Entnazifizierung. Politische Säuberung und Rehabilitierung in den vier Besatzungszonen 1945-1949, Munich 1991, p. 9-23.
4 Schwarz, Thomas Alan: Die Begnadigung deutscher Kriegsverbrecher. John J. McCloy und die Häftlinge von Landsberg, in: Vierteljahrshefte für Zeitgeschichte 38 (1990) 3, p. 375-414, here p. 378.
5 Maguire, Peter: Nuremberg: A Cold War Conflict of Interest, in: Cooper, Belinda (ed.): War Crimes. The Legacy of Nuremberg, New York 1999, p. 67-85, here p. 68.
6 Taylor, p. 51f.
7 Ibd., p. 52. The defendants were tried in a total of twelve trials: 1) Doctors Trial, 2) Jurists Trial, 3) Milch Trial, 4) Trial of members of the SS Main Office for the Economy and Administration, 5) Flick Trial, 6) IG Farben Trial, 7) Trial of the Generals in South-East Europe, 8) Trial of members of the SS Main Office for Race and Settlement, 9) Special Units Trial, 10) Krupp Trial, 11) Wilhelmstraße Trial, 12) Trial of members of the Armed Forces High Command.
8 Cf. the well-researched anthology Ueberschär, Gerd R. (ed): Der Nationalsozialismus vor Gericht. Die alliierten Prozesse gegen Kriegsverbrecher und Soldaten 1943 – 1952, Frankfurt a. M. 1999.
9 Wollenberg, Jörg: Das Elitenverbrechen. Über das sorgfältige Vergessen der Nürnberger NS-Kriegsverbrecherprozesse gegen die Eliten aus Wirtschaft, Wissenschaft, Heer und Diplomatie, in: Friedrich, Jörg/Wollenberg, Jörg (ed.): Licht in den Schatten der Vergangenheit. Zur Enttabuisierung der Nürnberger Kriegsverbrecherprozesse, Frankfurt a. M./Berlin 1977, 10-25, here p. 14, 23 f.
10 Rupier, Hermann-J.: Amerikanische Besatzungspolitik, in: Benz, Wolfgang (ed.): Deutschland unter alliierter Besatzung 1945–1949/55, Berlin 1999, p. 33-47, here p. 35.
11 Kempner, Robert M. W.: Ankläger einer Epoche, Frankfurt a. M./Berlin/Vienna 1983, p. 346.
12 Wollenberg, p. 10.
13 Article "Becker-Freyseng, Hermann", in: Klee, Ernst: Das Personenlexikon zum Dritten Reich. Wer war was vor und nach 1945, Frankfurt a. M. 2003, p. 35.
14 Article "Steimle, Eugen", in: Klee, p.599.
15 Schwartz, p. 379.
16 Ibid., p. 379; Dülfer, Jost: Jalta, 4. Februar 1945. Der Zweite Weltkrieg und die Entstehung der bipolaren Welt, Munich 1998, p. 201-224.
17 Schwartz, p. 382-384; Buscher, p. 49.
18 Taylor, p. 47.
19 Schwartz, p. 385-387.
20 Ibid., p. 387-389.
21 Mendelsohn, John: War Crimes Trials and Clemency in Germany and Japan, in: Wolfe, Robert (ed.): Americans as Proconsuls. United States Military Government in Germany and Japan, 1944–1952, Carbondale/Edwardsville 1984, p. 226-259, here p. 251; Schwartz, p. 397-400.
22 Frei, Norbert: Vergangenheitspolitik. Die Anfänge der Bundesrepublik und die NS-Vergangenheit, Munich 1996, p. 294 f; Maguire, p. 78 f. In the original the board was called: "Interim Mixed Parole and Clemency Board" (IMPAC).
23 Frei, p. 297.
24 Krausnick, Helmut/Wilhelm, Hans-Heinrich: Truppe des Weltanschauungskrieges. Die Einsatzgruppen der Sicherheitspolizei und des SD 1938–1942, Stuttgart 1981, p. 604 f.
25 Frei, p. 298-300.
26 Ibid, p. 302.

Ausgewählte Literatur
Selected Bibliography

Buscher, Frank M.: The U.S. War Crimes Trial Program in Germany, 1946-1955, New York/Westport/London 1989.

Cooper, Belinda (Hg.): War Crimes. The Legacy of Nuremberg, New York 1999.

D'Addario, Ray/Kastner, Klaus: Der Nürnberger Prozess. Das Verfahren gegen die Hauptkriegsverbrecher 1945–1946, Nürnberg 1994.

De Zayas, Alfred-Maurice: Der Nürnberger Prozeß vor dem internationalen Militär-Tribunal (1945-1946), in: Demandt, Alexander (Hg.): Macht und Recht. Große Prozesse in der Geschichte, München 1996, S. 311-340.

Diller, Ansgar/Mühl-Benninghaus, Wolfgang (Hg.): Berichterstattung über den Nürnberger Prozeß gegen die Hauptkriegsverbrecher 1945/46. Veröffentlichungen des Deutschen Rundfunkarchivs, Bd.5, Potsdam 1998.

Friedrich, Jörg/Wollenberg, Jörg (Hg.): Licht in den Schatten der Vergangenheit. Zur Enttabuisierung der Nürnberger Kriegsverbrecherprozesse, Frankfurt a. M./Berlin 1977, S. 10-25.

Frommer, Hartmut: Von Nürnberg geht eine neue Epoche der Weltgeschichte aus..., in: Nürnberg Heute (Sonderheft) 1995, S. 66-74.

Jung, Susanne: Die Rechtsprobleme der Nürnberger Prozesse, dargestellt am Verfahren gegen Friedrich Flick, Tübingen 1992.

Kastner, Klaus: Von den Siegern zur Rechenschaft gezogen. Die Nürnberger Prozesse, Nürnberg 2001.

Kempner, Robert M. W.: Ankläger einer Epoche, Frankfurt a. M./Berlin/Wien 1983.

Maser, Werner: Nürnberg. Das Tribunal der Sieger, Düsseldorf 1977.

Mendelsohn, John: War Crimes Trials and Clemency in Germany and Japan, in: Wolfe, Robert (Hg.): Americans as Proconsuls. United States Military Government in Germany and Japan, 1944–1952, Carbondale/Edwardsville 1984, S. 226-259.

Mühlen, Bengt von zur/Klewitz, Andreas von (Hg.): Die 12 Nürnberger Nachfolgeprozesse 1946–1949, Berlin-Kleinmachnow 2000.

Schwarz, Thomas Alan: Die Begnadigung deutscher Kriegsverbrecher. John J. McCloy und die Häftlinge von Landsberg, in: Vierteljahrshefte für Zeitgeschichte 38 (1990) 3, S. 375-414.

Smith, Bradley F.: Der Jahrhundert-Prozeß. Die Motive der Richter von Nürnberg. Anatomie einer Urteilsfindung, Frankfurt a. M. 1977.

Taylor, Telford: Die Nürnberger Prozesse. Kriegsverbrechen und Völkerrecht, Zürich 1951.

Ders.: Die Nürnberger Prozesse. Hintergründe, Analysen und Erkenntnisse aus heutiger Sicht, München 1994.

Ueberschär, Gerd R. (Hg): Der Nationalsozialismus vor Gericht. Die alliierten Prozesse gegen Kriegsverbrecher und Soldaten 1943–1952, Frankfurt a. M. 1999.

Ausgewählte Quellen
Selected Sources

Der Prozeß gegen die Hauptkriegsverbrecher vor dem Internationalen Militärgerichtshof Nürnberg, 14. November 1945–1. Oktober 1946. 42 Bde., Nürnberg 1947–1949.

Trials of War Criminals before the Nuremberg Military Tribunals under Control Council Law No. 10, Vol. I-XV, Washington D. C. 1950.

Abbildungsnachweis
Sources of Illustrations

Bayerische Staatsbibliothek, München: S. 32-S. 43

Berliner Zeitung: S. 29, S. 31

Bildarchiv Preußischer Kulturbesitz, Berlin: S. 49, S. 62 (unten), S. 70, S. 78, S. 81, S. 84 (unten), S. 100

Bundesarchiv Berlin-Lichterfelde: S. 30, S. 65, S. 71, S. 77, S. 92 (unten), S. 99

Bundesarchiv Koblenz: S. 44, S. 45, S. 48, S. 72 (unten), S. 88 (unten), S. 90, S. 94, S. 96

D'Addario, Ray: S. 18, S. 20, S. 54-56, S. 61, S. 62 (oben), S. 72 (oben), S. 76, S. 80, S. 92 (oben), S. 93, S. 95

Internationaler Strafgerichtshof, Den Haag: S. 118

Kastner, Klaus: Der Nürnberger Prozeß. Das Verfahren gegen die Hauptkriegsverbrecher 1945-1945, Nürnberg 1994: S. 53

Keystone, Bildagentur: S. 69

Mollo, Andrew: Uniforms of the SS, London 1997: S. 46

Politisches Archiv des Auswärtigen Amtes, Berlin: S. 68

Prozeß gegen die Hauptkriegsverbrecher vor dem Internationalen Militärgerichtshof Nürnberg. Nürnberg 1947-1949, Bd.1: S.12-15

Stadtarchiv Nürnberg: S. 16-17, S. 19, S. 21 (links), S. 24-26, S. 50, S.52, S. 66-67, S. 75, S. 76 (unten), S. 82 (oben), S. 84 (oben), S. 86, S. 87, S. 88 (oben), S. 97, S. 101, S. 106-110

Süddeutscher Bilderverlag, München: S. 8, S. 82 (unten), S. 102

Stiftung Topographie des Terrors, Berlin: S. 47, S. 114-115

Ullstein Bilderdienst, Berlin: S. 21 (rechts), S. 90 (unten)